コミュニケーション学入門

心理・言語・ビジネス

植村勝彦・松本青也・藤井正志 著

ナカニシヤ出版

まえがき

　「コミュニケーション」は，20世紀終末から21世紀初頭にまたがるこの時代のキーワードのひとつである。

　それは一面では，20世紀が人よりもモノに価値をおき，多様性よりも画一化を重視し，共存よりも力ずくで相手をねじ伏せることを選択してきた，結果がもたらした痛烈なしっぺ返しの諸現象をこのことばで理解しようとして用いられ，他面では，世紀末近くそれまで予想だにできなかった情報通信革命の諸現象をこのことばで説明しようとして用いられてきている。グローバリゼーション，ボーダレス，インターネットという，この時代を表す別のキーワードもコミュニケーションと関わり合いをもつことばであり，当分の間は時代の脚光を浴び続けることであろう。

　本書を「コミュニケーション学入門」としたが，今日のところ，コミュニケーション学というひとつのまとまった学問領域が十分に確立されているわけではない。コミュニケーションは，生命あるものが社会的なつながりの中で生きていくうえでの基本的な現象であり，機能である。コミュニケーションのないところに社会は成立し得なかったし，集団が存在するとき，そこにはさまざまなかたちでのコミュニケーションが成立していた。それゆえにまた，「コミュニケーション」は多様な現象や意味や機能をあわせもっており，それを研究する場合，多様な切り方が可能であるということでもある。本来，ある現象を特有の切り方で切り取り，そのさまざまな切り口を体系化したものが「学」であるが，コミュニケーションという現象は，現在のところ，例えば心理学とか言語学といった既存の学によって切り取られることはあっても，コミュニケーション学という固有の学でコミュニケーション現象を切り取るという確立した段階までには至っていないということである。

　このような状況から，本書ではコミュニケーション現象を心理学，言語学，ビジネス学の観点から切り取ることを試みた。もとより，この小著ですべてを

尽くすことは到底できないが，大学での初学者のテキストとして，あるいはコミュニケーション現象に関心をもつ一般の読者にとって，興味を惹かれる内容を用意したつもりである．

まず心理学の立場からは，心理学の中でも社会心理学，とくに対人行動論の観点からコミュニケーション現象を取り上げる．自己開示，自己提示，要請と承諾，非言語コミュニケーションといった対人行動の過程で注目を集めているテーマを扱っている．

言語学からは，言語や文化の異なるもの同士が相互に伝達を図り，交流しようとする場合に生じるさまざまな問題について，言語特有の発想や文化のもつ価値観，さらに言語教育・政策までを比較対照しながら考察する．

ビジネス学からのコミュニケーションへの切り込みは，これまでわが国のテキストには現れていなかった非常にユニークなものである．職場の活性化，人材育成，企業経営，国際ビジネスとの関連で，コミュニケーションの果たす機能と役割を論じている．

なお，著者らはいずれも，2000（平成12）年4月開設される愛知淑徳大学コミュニケーション学部のコミュニケーション心理学科，言語コミュニケーション学科，ビジネスコミュニケーション学科に所属する専任教員で，本書はその新しいカリキュラム作りの中から生まれたものであることを付け加えておきたい．

最後に，編集の労をとっていただいたナカニシヤ出版の宍倉由高氏に厚くお礼申しあげる次第である．

2000年　初春
著者を代表して　植村　勝彦

目　　次

まえがき　*i*

序章　コミュニケーションの基礎 …………………………………… 1
　　1　なぜわれわれはコミュニケートするのか　2
　　2　コミュニケーションとは何か　4
　　3　なぜ今コミュニケーションを学ぶのか　11
　　[BOX: 序]　コミュニケーションの概念・種類・目的・形式の関係モデル

I部　コミュニケーションの心理　15

1章　ありのままの自分を知らせるコミュニケーション：自己開示 …………………………………………………… 17
　　1　ジョハリの窓　18
　　2　第1の窓の拡大：自己開示とフィードバック　20
　　3　自己開示とは　21
　　4　自己開示の測定　22
　　5　自己開示の機能　25
　　6　自己開示研究の展開　27
　　[BOX: 1]　自己開示が返報性に及ぼす効果

2章　自分を演出するコミュニケーション：自己呈示 …………… 33
　　1　謙遜は評価を高めるか　34
　　2　自己呈示とは　36
　　3　防衛的・戦術的自己呈示　38

4　主張的・戦術的自己呈示　41
　　　5　自己呈示の上手な人　43
　　　[BOX: 2]　自己呈示における自己卑下・集団高揚規範の存在

3章　対人交渉のコミュニケーション：要請と承諾 ………… 47
　　　1　交渉の達人　48
　　　2　要請を受け入れさせる技法　49
　　　3　承諾を導く6つの原理　57
　　　[BOX: 3]　悪徳商法の勧誘手口

4章　言葉によらないコミュニケーション：
　　　非言語(ノンバーバル)コミュニケーション ………………………… 63
　　　1　にらめっこ遊び　64
　　　2　視線の研究　65
　　　3　非言語コミュニケーションのもつ重要性　71
　　　4　言語コミュニケーションと非言語コミュニケーションの矛盾　74
　　　[BOX: 4]　非言語コミュニケーションの研究領域

II部　言語とコミュニケーション　79

5章　言語と思考 …………………………………………………… 81
　　　1　人はどのように言語を習得するのか　82
　　　2　考えるには言語が必要か　86
　　　3　言語が違うと考え方も違うのか　88
　　　4　日本語と英語はどう違うか　89
　　　[BOX: 5]　言語の起源についての5つの説

6章　言語と社会 …………………………………………………… 95
　　　1　言語のなかにどんな違いがあるか（言葉のなかの多様性）　96
　　　2　私たちはどのように言葉を使いわけているか　97

3　外国人とは何語を使って話すべきか　97
　　　[BOX: 6]　世界の上位20言語の話者の概数

7章　言語と教育 ………………………………………………… 109
　　　1　言語の何を教えるべきか　110
　　　2　なぜ外国語を学ぶ必要があるのか　110
　　　3　日本人はなぜ外国語によるコミュニケーションが苦手か　113
　　　4　21世紀に英語環境はどのようにかわるのか　116
　　　5　英語教師には何が求められるのか　120
　　　[BOX: 7]　道具としての英語

8章　言語と文化 ………………………………………………… 123
　　　1　言語の背後にある文化とは　124
　　　2　文化の違いはどのように言語に表れるか　126
　　　3　異文化コミュニケーションではどんな問題が起こるか　131
　　　4　異文化コミュニケーション能力とは　133
　　　[BOX: 8]　異文化対処力の要素

Ⅲ部　ビジネスとコミュニケーション　137

9章　職場の活性化とコミュニケーション ……………………… 139
　　　1　職場におけるコミュニケーションの意義　140
　　　2　管理者と職場のコミュニケーション　145
　　　3　ホウ・レン・ソウと根回しによる職場
　　　　　　　　　　　　　　　コミュニケーションの推進　147
　　　[BOX: 9]　急いてはことをし損じる

10章　職場における人材育成とコミュニケーション …………… 153
　　　1　経営環境の変化と人材育成　154
　　　2　職場教育の基本はOJT　158

3　組織の活性化と職場における自己実現　　162
　　　[BOX:10]　新人類に対する教育システム

11章　企業経営のコンセプトの変化とコミュニケーション　……… 167
　　　1　バブルの崩壊と日本経済　　168
　　　2　なぜ金融機関は財テク資金を積極的に融資したのか　　169
　　　3　見直し迫られる日本的経営　　173
　　　4　企業経営の変化とコミュニケーション　　175
　　　5　企業市民として地域へ貢献する　　177
　　　[BOX:11]　朝日新聞「天声人語」(平成11年9月16日より)

12章　国際ビジネスの場におけるコミュニケーション　……………183
　　　1　異文化とコミュニケーション　　184
　　　2　契約についての考え方　　191
　　　3　日本企業はなぜ批判されるのか　　193
　　　[BOX:12]　彼を知り，己を知れば

引用文献　　199
索　　引　　205

序　章
コミュニケーションの基礎

この章のねらい

なぜわれわれはコミュニケーションをするのだろうか？　そもそもコミュニケーションとは何だろうか？　なぜ今われわれはコミュニケーションを学ぶ必要があるのだろうか？　こうした一見自明の，素朴で基本的な疑問に答えようとするのがこの章の目的である。人間の社会活動としてのコミュニケーションの基本的な概念について解説する。

1 なぜわれわれはコミュニケートするのか

　この余りに素朴で当然すぎる問いを発せられると，われわれは戸惑ってしまうのではないだろうか。これに対してコミュニケーション学者のディムブレビィとバートン（Dimbleby & Burton, 1985）は，人のコミュニケーション欲求という視点から8つの側面を取りあげている。

　①生き残るため（survival）：富んだ北半球の国々においては生存，とりわけ暖房や食糧や身を寄せる場所などの基本的な点についてコミュニケートすることは奇異なことかもしれないが，コミュニケーティングのうちのいくつかは，依然こうした物理的欲求についてのものである。

　②協同するため（co-operation）：社会集団を形成したいという人間の欲求が，生き残るために協同したいという欲求に発していることは明白である。他者と暮らしたり折り合っていくために，また一緒に仕事をするためにコミュケートする。

　③個人的な欲求のため（personal）：生き残ることは物理的・肉体的なことだが，人間の欲求は単に物理的なものだけではない。われわれは自分自身に心配事がないようにしたい，満足感を得たいといった個人的な欲求をもっており，他者とのコミュニケーションはこうした欲求を満たしてくれる。

　④社会的な欲求のため（social）：われわれは他者と関わりたいという欲求をもっているがゆえにコミュニケートする。他者と結びつき，他者を知り，また他者に知られたいという欲求が，コミュニケーションという紐でお互いを結びつける。

　⑤実用的な欲求のため（practical）：われわれは自分たちの社会を一緒に保守するために，実用的意図からコミュニケートすることを欲する。社会が大きくなるほど全体的なシステムを作る必要性が高まり，コミュニケーションなくしては各部分はどれも機能しない。

　⑥経済的な欲求のため（economic）：われわれの実用的・社会的欲求のうちのあるものは，また同様に経済的欲求でもある。いうなれば，われわれは経済活動の一部としてコミュニケートしている。個人の経済的欲求は生き残り欲求

のひとつの拡張形態であり，そのためにもコミュニケーションは必要である。

⑦情報への欲求のため（information）：われわれは情報を与えたり受け取ったりしたいのでコミュニケートする。小はゴシップやおしゃべりから，大は世界や自国の人や事件や場所についてのニュースを渇望し，これによって日常生活に起こっていることを知ることができるからである。

⑧演技への欲求のため（play）：われわれは観念や物語を演じたいのでコミュニケートする。自らを表現するために詩や絵を創作したり，踊り演じたり，テレビの視聴者参加番組に出演したり，コンサートを観賞したりする。いずれもわれわれの演技をしたいという欲求に基づくものである。

ディムブレビィとバートンの挙げたものは，人間性心理学者**マズロー**（Maslow, A. H.）の有名な**欲求階層説**に倣ったものである。マズローは人間の基本的欲求として，生理的欲求，安全の欲求，所属と愛情の欲求，承認と自尊の欲求，自己実現の欲求の5つがあり，これらがピラミッドのように下から順に階層構造をなすとともに，人間の欲求はより高次のものを目指すとして，欲求の向上性を主張した（岡，1995）。ディムブレビィとバートンは，これらの基本的欲求を満たす手段としてコミュニケーションがあるという考え方を示しているといえよう。

また，ルビンら（Rubin, Perse, & Barbato, 1988）は，対人コミュニケーションに限ってではあるが，コミュニケーションの動機の面から次の6つの要因を見出している。

①楽しみのため（pleasure）：楽しさ，刺激を求めて，娯楽的意図から。

②愛情のため（affection）：他者を援助したり，勇気づけたり，ケアしたり，心配したり。

③包含のため（inclusion）：誰かと話がしたい，自分の問題を話したい，さみしさを紛らわせたい，感情を分かち合いたい。

④逃避のため（escape）：他の活動を回避したい，やらねばならないことを引き延ばしたい，責任やプレッシャーから逃れたい。

⑤リラックスのため（relaxation）：話すことでくつろいだり，リラックスできる，緊張がほぐれる。

⑥コントロールのため（control）：誰かが自分のために何かをしてくれる，

他者に自分のすべきことを語る，自分にない何かを得たい。

このように，われわれは実にさまざまな欲求や動機からコミュニケーションをしているのであるが，そもそもコミュニケーションとはいったい何だろうか。

 コミュニケーションとは何か

1　コミュニケーションという言葉

　コミュニケーション（communication）という外来語抽象名詞の語源を遡ると，ラテン語の「共通」を意味するコムニス commun(is) という語幹にイク ic(us)，アタス atus，およびイオン ion が加わってできた言葉で，したがって本来の語義は「共通なものとする」であったが，発展して「人間と人間との間に共通性をうちたてる行為全般」を意味するようになった（井口, 1982）ものといわれる。

　現代英語についてみるとかなり幅広い意味をもっており，意思や情報が交換される過程について使われれば「伝達」「会話」の意味になり，その手段である「通信」「連絡」「交通」という意味にもなる。また共有される対象の「情報」や「消息」などを指す場合にも使われ，さらに結果としての関係の広がりを表す「交際」「交友」という意味もある。また人間関係以外にも熱の「伝導」や病気の「伝染」の意味ももっている。このように，コミュニケーションという言葉は多義的であるので，学術用語として用いられた場合にもそれが現れ，学問領域によってさまざまな定義がなされているのが現状である。

　ところで，コミュニケーションという言葉は，わが国にいつ頃入ってきたのであろうか。井口（1982）の紹介するところによれば，1600年，豊後の海岸に漂着したオランダ船リーフデ号のイギリス人パイロット，ウィリアム・アダムス（**三浦按針**）は徳川幕府の外交顧問として重用されたが，1610年イギリスのジェームズ一世が徳川家康に送った通商修好を求める国書の翻訳にあたり，その中に出てくるコミュニケーションの古型 "communicacon" に「流通」の訳語を当てたのが最初であるという。流通というきわめて今日的な言葉が，コミュニケーションの訳語としての最初というのは，新鮮というよりも驚きに近

いものである。学術用語としては，明治以後通信工学の分野で主に用いられてきたが，その後コミュニケーションという言葉がわが国で一般的になるのは第二次大戦後であり，それはもっぱらマス・コミュニケーション（マスコミ）としてであった。コミュニケーションという単独の用語として定着したのは1970年代後半に入ってからだといわれる（井口，1982）。

2 コミュニケーションの定義

上にみたように，コミュニケーションという言葉の意味は，今日一義的ではない。それを反映して学術的にも多様な定義がなされている。ダンスとラーソン（Dance & Larson）は，1950年代から1970年代中葉にかけてコミュニケーション関連の分野で出版された著書・論文から126もの**コミュニケーションの定義**をリストアップしたという。岡部（1993）はこれらの定義を4つの類型にまとめている。

①**相互作用過程説**：定義集の最大の類型で，これは人間のコミュニケーションを人間・社会関係の基礎となるものとして捉え，コミュニケーションによる人間同士の相互作用を社会の基本単位とする視点である。この代表的な例として「コミュニケーションとは，他者を理解し，かつ他者からも理解されようとする過程で，状況全体の動きに応じて，ダイナミックで，常に変化する動的なものである」という定義が挙げられる。

②**刺激－反応説**：次に大きな類型で，これはコミュニケーションを学習という観点から機械的に捉え，刺激－反応という繰り返しのもとでコミュニケーションを説得の手段とみる立場である。「コミュニケーションとは，送り手としての個人が，受け手としての他者の行動を変容させるために，刺激（通常は言語的記号）を伝達する過程である」といった定義が挙げられる。

③**意味付与説**：メディアとしての記号が一定の意味を担い，その意味を相手に伝える過程をコミュニケーションだとみなす立場に基づいた定義で，「コミュニケーションとは，1人の個人からもう1人の個人に意味を移す過程である」とか「コミュニケーションとは，記号を選択・創出・伝達することによって，伝達者と同じ意味を受け手が知覚できるようにする過程である」という定義が挙げられる。

④**レトリック（修辞）説**：ギリシャ・ローマ時代の古代レトリックの観点からコミュニケーションを捉えようとする立場で，レトリックを構成する要素がそのままコミュニケーションの構成要素だと定義している。「コミュニケーションとは，ある特定の状況（場面）のもとで，個人（行為者）がメディア（手段）を選択したうえでシンボルを駆使して（行為），意図されたある特定の目的を達成するために（目的）する行動である」といった定義が代表的なものである。

このように，コミュニケーションの直接関連の分野の定義においても多義性を帯びている。コミュニケーションの研究は，哲学，言語学，社会学，心理学，精神病理学，文化人類学，政治学，経済学，比較行動学，通信工学，コンピュータ科学など多くの学問領域で行われており，それぞれの領域でその意味する概念や定義にはかなりの相違があるものと思われる。

3　コミュニケーションの基本原理

一般に認められている**コミュニケーションの基本原理**の代表的なものとして，石井（1993）は次の6点を挙げている。

①コミュニケーションは相互行為の過程であり，過程は送り手，受け手，メッセージ，チャネル，ノイズのような構成要素で成り立っており，各構成要素は個別ではなく全体として組織的に機能する。この原理は，コミュニケーションの概念をモデル化する際にはとくに重要である。

②コミュニケーションは意識レベルと無意識レベルの両方で成立する。この原理は，表情，視線，身振りなど無意識の非言語行動によってメッセージが受け手に伝わる事実からも明らかである。

③コミュニケーションは不可逆的である。この原理によれば，1度発信されて受け手に伝わったメッセージをもとの状態に戻すことは不可能である。1度送り出されたメッセージに修正や訂正をしても，それは新しいメッセージにすぎない。

④コミュニケーションは動的である。これは，コミュニケーションが静止状態にあるのではなく，常に変化しているという原理である。刻々と変化するコミュニケーションの動きを停止することは不可能である。

⑤コミュニケーションは組織的である。この原理は，コミュニケーションに

はさまざまな要素や条件が関与するが，それらは全体として有機的に関連し合った組織として機能することを意味する。

⑥コミュニケーションは適応の性格をもつ。この原理によると，コミュニケーションに関わる人間は，意図的または非意図的に構成要素とくに相手，条件などに適応しようと努めることになる。

これらのコミュニケーションの一般原理は，日常のコミュニケーション活動に際してはほとんど意識化されることがない。それだけに，コミュニケーションの概念や性格を理解するうえで重要な意味をもっているといえよう。

4 コミュニケーションの過程

上にみた定義などからも分かるように，**コミュニケーションの過程**は，①何らかの**メッセージ**（情報・知識・感情・意思など）を伝達する主体としての**送り手**，②伝達される**記号**（言語・非言語）の集合としてのメッセージ，③それを搬送する**チャネル**（見る・聞く・触れるなど）と**メディア**（伝達の道具），④メッセージの**受け手**の4つの要素から構成されていることが分かる。また，メッセージを生みだす送り手側の表出のメカニズムを**記号化**（encoding：**符号化**ともいう），メッセージから意味を読み取り解釈する受け手側のメカニズムを**記号解読**（decoding：**解読化**ともいう）と呼んでいる。こうしたコミュニケーションの過程を示したのが竹内(1973)のモデル（図序-1）である。

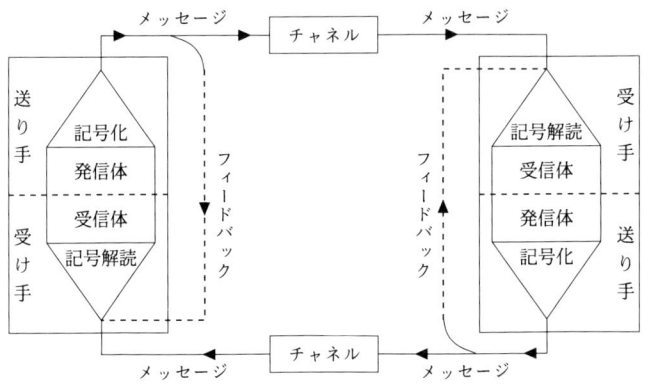

図序-1　コミュニケーションのプロセス・モデル（竹内，1973）

いまこのプロセス・モデルに即して2人のコミュニケーションを考えてみよう。左側の人物A（太郎）が右側の人物B（花子）をデートに誘う場面である。太郎は日本語という言語記号でメッセージを作成して，それを電話というメディアを使った音声チャネルを用いて花子にデートの申し込みをしようとしている。このとき，メッセージの送り手（発信体）である太郎は，どのような表現（内容・構成・言葉遣い・雰囲気）でメッセージを伝達するのが効果的かを考えたうえでそれを記号化する。このプロセスを経て発信されたメッセージ（"コンサートのチケットが手に入ったんだけど，今度の土曜日に一緒に行きませんか？"）の受け手（受信体）である花子は，太郎からのこのメッセージに含まれているであろうさまざまな意味を記号解読し，それに答えようとする。その答えは，大して好意をもっていない太郎の誘いを断ることにあるが，露骨に"お断りします"というメッセージを返せば相手は傷つくだろうと考え，断りの表現を素早く模索しながら（自己フィードバック）記号化したメッセージ（"あいにく先約があって……。ごめんなさい，またの機会に誘って下さい"）を送り返す。この間，太郎は，花子の声の調子や沈黙，メッセージ内容など受話器越しにフィードバックされる情報を敏感に記号解読して，また自分の発したメッセージからもフィードバックを得て，メッセージを言い直したり，追加したりして，相手の合意を取り付けようとするだろう。こうして，メッセージの送り手であると同時に受け手でもある2人の間のコミュニケーション回路が，継続されたり切断されたりするのである。

　この送り手と受け手の関係を教師－生徒，親－子，セールスマン－お客，日本人－アメリカ人としたり，メッセージの内容を変えてみたり，記号を非言語（身振りなど）としたり，手紙という視覚チャネル利用のメディアとするなど，構成要素をさまざまに変えたときのコミュニケーションのプロセスを考えてみると理解が深まるであろう。

5　コミュニケーションの類型

　コミュニケーションの性質を理解するためには，さまざまの観点から**コミュニケーションの類型化をしてみるとよい。**

　①コミュニケーションの目的・機能による類型：道具的コミュニケーション

と表出的コミュニケーションに分類できる。前者は送り手が何らかの目標達成の手段としてメッセージを伝達するものであるのに対して，後者は喜びや怒りの表出のように，表現すること自体が目的となるコミュニケーションを指す。また，送り手の目的に基づく分類として，情報の伝達，説得，自己表現，娯楽，援助，交渉，要請，攻撃，欺瞞などのコミュニケーションがある。

②メッセージを構成する記号の種類による類型：言語を使用する言語的コミュニケーションと言語を使用しない非言語的コミュニケーションに分類される。言語はさらに音声言語（話し言葉）と文字言語（書き言葉）に分類できるが，言語的コミュニケーションは言語だけから成立しているのではない。音声言語コミュニケーションには，音声の大きさ，抑揚，速度，間の取り方といった非言語的側面が必ず付随しているし，文字言語コミュニケーションにも，文字の大きさ，形，配列，濃淡といった非言語的側面が必ず付随する。言語に付随するこうした非言語的側面のことを**準（パラ）言語**という。

非言語的コミュニケーションには，身体動作（表情，姿勢，身振りなど），空間距離（対人距離，なわばり，座席行動など），身体特徴（体型，体臭，皮膚の色など），さらには個人が身につけている付属品（服装，化粧，装飾品など）も記号としての意味をもつ（詳しくは，第4章参照）。

③チャネルの特性による類型：竹内（1973）は，チャネルの特性を3つに特定し，それを組み合わせて表序–1に示す8つに類型化している。ここで「パーソナル」とは人それ自体が記号の搬送体となっておりチャネルとして特別なメディアを必要としない場合を，「公的」とはチャネルの社会的位置づけからコ

表序–1 チャネルの特性によるコミュニケーション（竹内，1973）

チャネルの特性	コミュニケーションの事例
パーソナル・公的・直流的	上司による部下への指示・命令の口頭伝達
パーソナル・公的・交流的	委員会における討議
パーソナル・私的・直流的	流言の伝播，旅行体験談，老人のむかし話
パーソナル・私的・交流的	サークル企画の相談，共通体験の想い出話
媒介的・公的・直流的	マス・コミュニケーション，指示・命令の文書伝達
媒介的・公的・交流的	外交文書，取引契約書
媒介的・私的・直流的	諜報活動報告書
媒介的・私的・交流的	電話による打ち合わせ，ミニ・コミ，同人雑誌

コミュニケーションの概念・種類・目的・形式の関係モデル

バートンとディムブレビィ（Burton & Dimbleby）は，送り手を主体とするコミュニケーションの概念を中心として，種類，目的，形式の関係を同心円的に把握したモデルを提示している。

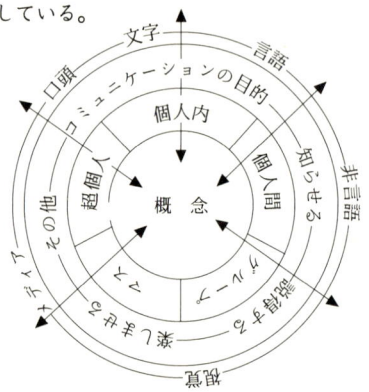

コミュニケーションの概念，種類，目的，形式の関係を表わすモデル

概念の外側に位置するのが，コミュニケーションの種類ないしレベルである。個人内コミュニケーションは，人間が自己観念に従ってコミュニケーション活動を行う際の，内面的な欲求や方法の決定に関与するものである。個人間コミュニケーションは，対人関係の場における人間の知覚，言語および非言語行動，表現方法等に関係するものである。グループ・コミュニケーションは，グループの目的，グループ内における行動，役割とその影響等に関わるものである。マス・コミュニケーションは，ラジオ，テレビ，新聞，雑誌等のメディアを扱うものであ

ミュニケーションの回路が制度的に認められている場合を，「直流的」とはチャネルの方向的特性によってメッセージの流れが一方向的である場合をそれぞれ指す。

　④システム・レベルに基づく類型：個人，家族，集団，組織，地域，国家，文化などというシステムを考えるとき，そのそれぞれのシステム・レベルでコミュニケーションが存在する。また各システムにおいても，システム内とシステム間のコミュニケーションが存在する（例えば，家族内コミュニケーションと家族間コミュニケーション）。

る。そして最後の超個人コミュニケーションは，人間と機械や他の生物のコミュニケーションの問題を扱うものである。

　コミュニケーションの種類ないしレベルの外側にあるのが，コミュニケーションの目的である。これはメッセージの受け手との関係で，送り手がもっているコミュニケーションの目的を指す。目的を大別すると，ある事柄について，知らせる，説得する，楽しませる等が代表的なもので，その他に，警告する，説明する，感銘を与えるなどが考えられる。大切なことは，これらの目的は個々に独立している場合もあるが，例えば知らせると同時に説得するというように，一般には重複しながら機能することが多いということである。

　最も外側に位置するのがコミュニケーションの形式で，人間が日常生活の中で日々経験しているものである。文字は，手紙や文書などを読んだり書いたりするときに用いるものである。言語は，シンボルが体系化されたもので，聞く・話す・読む・書くのいわゆる言語4技能に関わっている。非言語行動は，顔の表情，視線，身振り，身体行動などで代表される。視覚は，絵や写真などのように形，色，大きさによって表現する際に用いられるものである。メディアは，マス・メディアに代表されるさまざまな機器を手段とするコミュニケーションを指す。そして口頭コミュニケーションは，人間にとって最も一般的な形式で，会話，討論，発表等に代表される。

　最後に，両方向の矢印は，中心の概念から最も外側の形式へ研究と教育を進めると同時に，逆に外側の形式から中心へ向かうことも重要であることを意味する。

　これがバートンとディムブレビィのモデルの概要である。このモデルには不備な点がないわけではないが，コミュニケーションの研究と教育を体系化する上で参考になるものである。

（出典）石井　敏　1993　コミュニケーション研究の意義と理論的背景．橋本満弘・石井　敏編著「コミュニケーション論入門」（コミュニケーション基本図書第1巻）3-24．桐原書店

なぜ今コミュニケーションを学ぶのか

1　現代とはどういう時代か

　1990年代の社会を表すキーワードであり，そして今日においても進行形の「高度情報化」「国際化」「高齢化」「人間性回復」という概念に通底する共通のキーワードが「コミュニケーション」である。

　コミュニケーションとは，すでに見てきたように一面で情報の伝達・交換の

ことである。情報化社会とは，情報というものがモノやエネルギーと同等，あるいはそれ以上に有力な資源としての価値をもち，情報の価値の生産を中心として社会・経済が発展していく社会をいうが，それにさらに「高度」という語が冠せられた社会は，情報の伝達手段（メディア），つまりコミュニケーションの媒体技術のめざましい発達によって成り立っている社会である。このような現代社会において，科学としてのコミュニケーションが求められるのはむしろ当然といわなければならないだろう。

海外旅行，留学，衛星放送，国際会議，海外派遣など世界が狭くなった。経済も瞬時に世界を駆けめぐる。国際化時代といわれ，こうした政治・経済・文化の交流が進む中で，他の国（および人）との無用の摩擦を回避するためにも，異文化との接触，理解，交流のスキル（技能）としてのコミュニケーション（言語・非言語を問わず）が求められている。

高齢社会の到来は，必然的にこれまでの価値が転換することでもある。青少年主体から老年主体へ，会社生活中心から地域生活中心へ，社会的強者主体から弱者主体へ，経済中心から福祉中心へ，この転換にはコミュニケーションが大きく関わらなくてはならないだろう。

管理社会，ストレス社会，人間疎外の時代からの人間性の回復と解放が希求されて久しい。高成長時代の"モーレツ"から安定成長時代の"やさしさ"へ，人がモノに合わせるモノ中心から人にモノを合わせる人中心へ，マスからパーソナルへ，金儲け中心から人間関係中心へ，組織（会社）人間から地域人間へ，などと人間性の回復を求めての人間観の転換には，その底に「共生」の思想がある。communication の接頭語 "com-" は英語の "with" にあたり，community, commune, common などみな同じ語源をもつ言葉である。つまり「皆と一緒に」という語源をもつコミュニケーションは，まさに人間性回復と解放の時代にふさわしい言葉なのである。

2　なぜコミュニケーションを学ぶのか

このような現代にあって，われわれは従来のような自己流のやり方で事柄に対応するだけでは，不適切，不十分，不適応を生ずるだろう。組織的にコミュニケーションの何たるかを学ぶことによって，現代という時代に適切に対応す

ることができるといえよう。コミュニケーション学は単に理論・知識の学に留まらず，実用・実践の学でなくてはならない。

　①情報を的確に受け止め，的確に判断し，適切な行動をとるために：間断なく送られてくる無限の種類および量の情報に対して，情報の受け手として的確な判断をしながらこれらに接していかなければ，情報の洪水に巻き込まれてしまうだろう。

　②情報の発し手として，情報に対する広範囲にわたる知識を備えるために：ただ単に多くのことについて表面的なことを知っている，いわば物知りというだけでは済まず，技術の進歩に合わせた情報の生産者，消費者になる必要がある。

　③**コミュニケーション・コンピテンス**を磨くために：コミュニケーションを円滑に行うためには，対人関係において効果的かつ適切なコミュニケーション行動を行うに必要な**コンピテンス**（competence: **有能性**または**能力**ともいう）が獲得されねばならない。コンピテンスとは，人間が環境と効果的に相互交渉する能力をいう用語であるが，「以心伝心」とか「察する」「腹芸」といった従来型の日本式コミュニケーションでは，健全な対人関係を築きあげ，それを維持していくことが難しくなってきた。自己流ではなく，科学的な論拠のもとにコミュニケーション・コンピテンスを身につけ，さらにそれを磨くことが求められる。

　宮原（1992）は，コミュニケーション学の目標を，人間同士のコミュニケーションの意味，意義を考え，その過程で起こりうる問題点を取りあげ，それらに対する有効な解決策を示そうとすることである，と述べている。

> **キーワード**：コミュニケーション　コミュニケーションの定義　コミュニケーションの基本原理　コミュニケーションの過程　コミュニケーションの類型

課　題

　①本文中の「コミュニケーションの過程」の例示を参考に，構成要素を変えた場合のコミュニケーションの比較を実際に行ってみなさい。

②キーワードのすべてを用いて，800字程度にこの章を要約しなさい。

もっと学びたい人のために

コミュニケーション論（学）に関する著作は，何巻もからなる講座ものから，情報，メディア，言語，人間関係，歴史など特定の領域を扱ったものまで，翻訳書も含めてかなりの出版物がある。そうしたものは図書館で検索してもらうことにして，ここでは，本書と同じ意図で書かれたであろう最近の出版の，初学者のためのいわゆる教科書（テキスト）を挙げておく。

深田博己編　1999　「コミュニケーション心理学」　北大路書房
橋本良明編　1997　「コミュニケーション学への招待」大修館書店
船津　衛著　1996　「コミュニケーション・入門」　有斐閣アルマ
大田信男編　1994　「コミュニケーション学入門」　大修館書店
原岡一馬編　1990　「人間とコミュニケーション」　ナカニシヤ出版
林　　進編　1988　「コミュニケーション論」　有斐閣Sシリーズ

Ⅰ部
コミュニケーションの心理

1章
ありのままの自分を知らせるコミュニケーション：自己開示

この章のねらい

他者とのコミュニケーションの第1歩は，自分を相手にさらけ出すことである。自分をみせれば，相手も自分をみせるであろうし，それによって相手との関係は親密度を増し，コミュニケーションが活発になってさらにお互いの関係は深まるだろう。この章では，対人関係の始まりと進展や深まりに影響を及ぼす，自己開示のメカニズムを知ろう。

ジョハリの窓

いま,自分を1枚の大きな窓に見立てるとしよう。そしてこの窓は,横軸が「自分が,自分のことを知っている程度」,縦軸が「他者が,自分のことを知っている程度」によって分割されているとすると,「私」は図1-1に示されるような4つの窓で表されることになる。これは,ジョハリの窓(Johari window)と呼ばれる,人間関係訓練の領域では有名な図式で,考案者のジョーゼフ・ラフト(Joseph Luft)とハリー・インガム(Harry Ingham)の名前を合成して命名された「心の4つの窓」である。

あなたの心の4つの窓 ────────────────

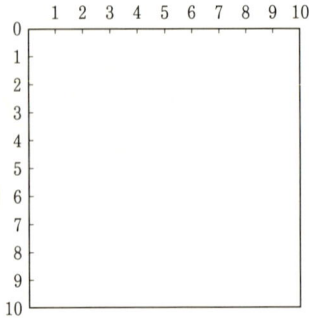

図1-1 ジョハリの窓

もし興味があれば,右の表を親しい友だちなり,家族で使ってみて,率直にお互いに話し合ってみてはいかがですか。

右の表のタテ・ヨコの数値を決めてから,垂直・水平の線を書き込むと,あなたの Johari Window ができます。

1. 自分が自分を知っている度合(10が最高,0が最低)を横軸に。他人が自分を知っているだろうと思う度合(10〜0)を縦軸に。
2. もっと自分を知りたい(フィードバックを欲しい)度合を横軸に。他者に自分を出していると思っている度合を縦軸に。
3. 相手に対して,その人が欲しているだろうと思われるフィードバックの欲しさの度合を横軸に。その人の開放性の度合を縦軸に。

その他,種々の項目を考案して用いて下さい。

(柳原,1980)

1章　ありのままの自分を知らせるコミュニケーション：自己開示

ジョハリの窓とは、「対人関係における気づきのグラフ式モデル」といわれるもので、自分自身に関する情報を、自分と他者の気づきの面から捉え、心の4つの窓の大きさとその変化から、対人関係の形成や発展、改善などの問題を考えることによって、自分の行動を変革するための図式モデルである。

心の4つの窓を説明すれば、次のようになろう。

1 開放領域（open area）

第1の窓は、「自分も相手も知っている私」の窓である。この「私」は、自分と相手に共有された「私」についての情報であり、開放領域と呼ばれる。隠すことも避けることもなく、自由に振る舞うことができるので、コミュニケーション活動は活発に行われる。

2 盲点領域（blind area）

第2の窓は、「相手は知っているが、自分は知らない私」の窓である。この「私」は、他者が知らせてくれない限り気づくことのない「私」についての情報であり、盲点領域と呼ばれる。自分では気づいていない自分の姿を知りたいという積極的な姿勢と、相手の指摘に謙虚に耳を傾ける姿勢をもちあわせない限り、この「私」に気づくことは難しい。

3 隠蔽領域（hidden area）

第3の窓は、「自分は知っているが、相手は知らない私」の窓である。この「私」は、相手には隠しているので知られていない、または知らせていない「私」についての情報であり、隠蔽領域と呼ばれる。隠蔽領域は、相手に知られたくないので意図的に隠している「私」と、隠す意図はないのだが知らせる機会を失して隠れている「私」からなっている。

4 未知領域（unknown area）

第4の窓は、「自分も相手も知らない私」の窓である。この「私」は、誰も知らない「私」についての情報であり、未知領域と呼ばれる。この領域は、まだ手のつけられたことのない「私」の資源で、無意識のレベルの欲求や行動傾

向, 潜在的能力などが含まれる。

　このように，全体としての「私（自己）」は4つの領域からできあがっているのであるが，ジョハリの窓の考案者の1人であるラフトによれば，私と他者が互いに理解している「開放領域」を増すことによって，ありのままの自由な私であることが達成されるという。つまり，知識，技能，気づき，感情の豊かさは，この開放領域の大きさによって決まるといい，対人関係訓練の1つの重要な目的は，第1の窓の拡大ということになる（柳原,1980）。

第1の窓の拡大：自己開示とフィードバック

　ところで，この開放性は，自分1人で達成しうることではない。自由な私の確立は，自己と他者との関係という土壌で育まれるもので，そのためには，一方で自分自身を他者に知らせ，他方で他者から自分がどう思われているかを知らなければならない。このように，私と他者との相互コミュニケーションの中で，本当の自分を理解することができるだろう。

　第1の窓を広げるには，第2の窓を小さくすることと，第3の窓を小さくすることによって可能になる（図1-2）。第2の窓，つまり「盲点領域」を狭め

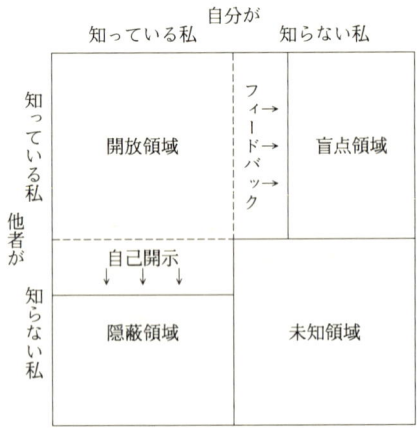

図1-2　開放領域の拡大

るには，自分には分かっていない盲点を，それが分かっている人から知らせてもらえばよいわけで，これがすなわちフィードバックという働きである。盲点は，短所ばかりではない。自分も気づいていなかった長所もフィードバックによって気づかされるのである。

　一方，第3の窓「隠蔽領域」を狭めるということは，いままで相手に知らせていなかったことを，必要に応じて相手にさらけ出すことを意味する。これが自己開示という働きであるが，この情報のコントロールは私にあるわけで，どの程度，あるいはどのような内容を，どういうやり方で行うのが適切か，あるいは効果的かなど，いろいろな問題を含んでいる。この章では，以下に，この自己開示の問題に焦点を合わせて考えることにしよう。

自己開示とは

　自己開示（self-disclosure）とは，未知既知を問わず，特定の他者に対し意図的に自分に関する情報を言語的に伝達する行為を指す概念である。この用語は，ジュラード（Jourard）らによって初めて心理学に取り入れられたが，彼は心理療法家としての経験から，日常生活において重要な他者に十分に自己開示しているということが健康なパーソナリティの指標であり，かつ精神的な健康に至る道である，という仮説のもとに研究に着手し，自己開示の個人差を測定するための，**ジュラード自己開示質問紙**（Jourard Self-Disclosure Questionnaire: JSDQ）を考案している（藤原，1995）。

　JSDQ は，回答者が身近な人物に対して，過去においてどのような自己開示行動をとってきたかをみるもので，①態度と意見，②趣味と関心，③仕事（勉強），④金銭，⑤パーソナリティ，⑥身体と外観の6領域について，それぞれ10項目合計60項目から成っている。これを父親，母親，同性の友人，異性の友人，配偶者（結婚している場合）の5人の身近な相手に対して，各項目についてどの程度打ち明けて話すかを，「十分に詳しく話している（2点）」，「一般的なことのみ話している（1点）」，「何も話したことがない（0点）」の3段階で回答を求める。「適当にごまかしたり偽って話している」項目には「×印」

で回答させ「0点」として扱う。まず「父親」から順次始め，こうして領域別，対象別の個人ごとの全得点を算出して，自己開示の程度や傾向を明らかにするものである。

ジュラードは，さまざまな対象者に調査研究を行い，次のような知見を得ている（古屋，1987）。

①性差：成人の場合，一貫して男女差が認められ，常に女性の方が自己開示が多い。

②年齢傾向：開示の相手は母親が多いが，児童期から青年期にかけて母親への開示は次第に減少し，代わって同性の友人への開示が増加する。青年期以後は両親と同性の友人への開示が減り，異性の友人（または配偶者）への開示が増える。

③開示の性差は児童期にはなく，青年期になって初めて現れてくる。

また，バーンランド（Barnlund, 1979）は，JSDQを用いて日米の大学生を比較し，次のような結果を得ている。

①話題の順位：日米間，男女間ともに，ほとんど差はなく，趣味・嗜好を話し合うことを好み，パーソナリティや身体的・性的適不適の話はあまりしたがらない。

②好まれる相手：日米とも男女友人，次に両親の順である。男女いずれも同性の友人を好むが，この傾向は日本人にはるかに強い。日本人は父母の間をはっきりと区別しているが，アメリカ人は両親とも同等に好ましいとしている。

③関わり合いの深度：自己開示の深度には日米間の差が大きい。私的な意見や気持を相手に表明する程度は，アメリカ人の方がかなり深い。

④父親に対する自己開示：ジュラードによれば，父親に対しては，母親や友人ほどには自己開示しない傾向が多くの文化に見られるといい，日本もそれに合致するが，アメリカ人に関してはその結論と一致しない。

4　自己開示の測定

ジュラードは上に見たような方法を用いて自己開示を測定する方法を開発し

たが，わが国でも類似の測定方法を用いた研究がいくつか行われている。そのうち，最も精密で組織的な例として，榎本（1997）の研究を紹介しよう。

彼はジュラードと同様，日常的な場面における身近な人物への自己開示を問題にしながらも，日本文化のもとでは，表層的な部分の自己の開示くらいでは自己を開示したという実感につながらないとして，比較的深い自己開示内容に絞って，表1-1に示すような分類と，それに基づく自己開示質問紙（表1-2）を開発している。評定の仕方はジュラードの方法と同じ（0〜2点）なので，表1-1，表1-3を参考に，各自実行してみられたい。

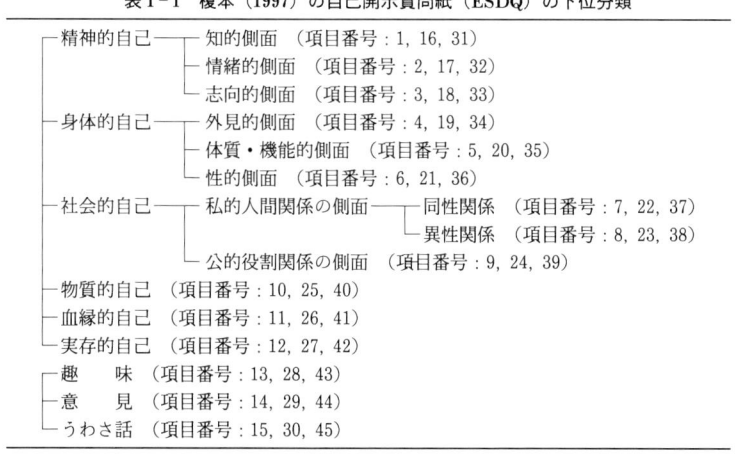

表1-1　榎本（1997）の自己開示質問紙（ESDQ）の下位分類

榎本（1997）は，表1-2の質問紙を構成する以前の版（11領域，44項目）で大学生を対象に行った結果について，およそ次の点を明らかにしている。

①最もよく開示されるのは，精神的自己の知的側面と志向的側面であり，反対に最も開示される程度の低いのは，身体的自己の性的側面で，他と比べ際だって低い。

②男女別に見ると，すべての側面において，女子の開示度が男子のそれを上回っている。

③相手別では，4者のうち一般的なこと以上に開示を受けているのは同性の友人だけであり，父親はほとんど開示を受けることがなく，異性の友人も低い。

表1-2 榎本(1997)の自己開示質問紙(ESDQ)

項目	打ち明ける対象			
	父	母	最も親しい同性の友人	最も親しい異性の友人
1　知的能力に対する自信あるいは不安	(　)	(　)	(　)	(　)
2　心をひどく傷つけられた経験	(　)	(　)	(　)	(　)
3　現在持っている目標	(　)	(　)	(　)	(　)
4　容姿・容貌の長所や短所	(　)	(　)	(　)	(　)
5　運動神経	(　)	(　)	(　)	(　)
6　性的衝動を感じた経験	(　)	(　)	(　)	(　)
7　友人に対する好き・嫌い	(　)	(　)	(　)	(　)
8　過去の恋愛経験	(　)	(　)	(　)	(　)
9　職業的適性	(　)	(　)	(　)	(　)
10　こづかいの使い道	(　)	(　)	(　)	(　)
11　親の長所や欠点	(　)	(　)	(　)	(　)
12　生きがいや充実感に関する事	(　)	(　)	(　)	(　)
13　休日の過ごし方	(　)	(　)	(　)	(　)
14　文学や芸術に関する意見	(　)	(　)	(　)	(　)
15　友達のうわさ話	(　)	(　)	(　)	(　)
16　興味をもって勉強している事	(　)	(　)	(　)	(　)
17　情緒的に未熟と思われる点	(　)	(　)	(　)	(　)
18　拠り所としている価値観	(　)	(　)	(　)	(　)
19　外見的魅力を高めるために努力している事	(　)	(　)	(　)	(　)
20　体質的な問題	(　)	(　)	(　)	(　)
21　性に対する関心や悩み事	(　)	(　)	(　)	(　)
22　友人関係における悩み事	(　)	(　)	(　)	(　)
23　異性関係における悩み事	(　)	(　)	(　)	(　)
24　興味をもっている業種や職種	(　)	(　)	(　)	(　)
25　自分の部屋のインテリア	(　)	(　)	(　)	(　)
26　家族に関する心配事	(　)	(　)	(　)	(　)
27　人生における虚しさや不安	(　)	(　)	(　)	(　)
28　芸能やスポーツに関する情報	(　)	(　)	(　)	(　)
29　最近の大きな事件に関する意見	(　)	(　)	(　)	(　)
30　芸能人のうわさ話	(　)	(　)	(　)	(　)
31　知的な関心事	(　)	(　)	(　)	(　)
32　嫉妬した経験	(　)	(　)	(　)	(　)
33　目標としている生き方	(　)	(　)	(　)	(　)
34　外見に関する悩み事	(　)	(　)	(　)	(　)
35　身体健康上の悩み事	(　)	(　)	(　)	(　)
36　性器に対する関心や悩み事	(　)	(　)	(　)	(　)
37　友人関係に求める事	(　)	(　)	(　)	(　)
38　好きな異性に対する気持	(　)	(　)	(　)	(　)
39　人生における仕事の位置づけ	(　)	(　)	(　)	(　)
40　服装の趣味	(　)	(　)	(　)	(　)
41　親に対する不満や要望	(　)	(　)	(　)	(　)
42　孤独感や疎外感	(　)	(　)	(　)	(　)
43　趣味としている事	(　)	(　)	(　)	(　)
44　社会に対する不平・不満	(　)	(　)	(　)	(　)
45　関心のある異性のうわさ話	(　)	(　)	(　)	(　)

(注) 分類と構成項目の対応は表1-1参照のこと

表1-3 自己開示質問紙の下位分類別平均値

		知	情緒	志向	外見	体質	性	同性	異性	役割	物質	血縁	実存	趣味	意見	話
父	男	2.65	1.13	2.23	1.41	2.23	0.43	1.24	0.61	2.73	1.87	2.39	1.49	2.99	2.63	1.27
	女	2.52	0.96	1.77	1.45	2.09	0.09	1.06	0.23	2.28	1.88	2.73	1.25	2.71	2.46	1.29
母	男	2.55	1.16	2.34	1.88	2.17	0.31	1.62	0.68	2.45	2.69	2.80	1.33	2.80	2.24	1.73
	女	3.23	2.08	2.55	3.29	3.26	0.55	2.77	1.15	2.85	3.35	3.50	1.95	3.23	2.73	2.54
同性友人	男	3.02	2.79	3.14	2.79	2.59	2.91	3.89	3.95	2.91	3.30	1.96	2.56	4.24	2.95	3.87
	女	3.32	3.22	3.08	3.34	2.88	2.08	4.50	4.35	2.96	3.27	2.88	2.67	3.85	2.75	4.40
異性友人	男	2.42	2.18	2.48	2.15	1.91	1.63	2.97	3.09	2.31	2.43	1.47	1.87	3.06	2.20	3.29
	女	2.23	1.86	2.06	1.71	1.47	1.02	2.86	2.68	1.77	1.63	1.52	1.56	2.73	1.83	2.99

対象者:大学新入生 男子=128名 女子=228名(1999年4・5月にA.S大学とA.G大学で実施した結果)

④相手別の自己開示に関しては男女で異なった傾向が見られる。上記③の点は男女共通しているが,母親に対する開示度の男女差は著しく,女子が大きく上回っている。

⑤したがって,男子では完全に同性の友人中心の開示パターンを示すのに対して,女子では同性の友人と母親の2者が自己開示の焦点となっている。

⑥母親への開示は,物質的自己,身体的自己の機能的側面,精神的自己の知的側面が中心で,すべての側面で女子が男子を大きく上回り,特に身体的自己の外見的側面で著しい。

⑦同性の友人への開示は,社会的自己の私的側面,精神的自己の3側面,実存的自己が中心であり,身体的自己の機能的側面および外見的側面はあまり開示されない。

自己開示の機能

ところで,自分をさらけ出すことは,その当人や相手との人間関係の上で,どのような影響を与えるだろうか。安藤(1990)は6つを挙げているが,それを個人的機能と対人的機能に分けて紹介しよう。

1　自己開示の個人的機能

①感情表出機能：自分の抱えている悩みや不満，不安などを誰かに打ち明けて聞いてもらうことで，気持がすっきりしたという経験をもつ人は多いだろう。このように，自己開示には感情表出ないし，感情浄化（カタルシス）の機能がある。心理療法やカウンセリングの目標の1つは，セラピストの援助のもとでクライエントの感情を表出することである。

②自己明確化機能：自己開示を行う状況では，必ず相手があるわけだが，打ち明ける話題に関して，予め自分の態度や意見，気持などをはっきりさせておくことが必要であるし，また曖昧なまま自己開示したものの，話しているうちに自分の態度などが明確になったという経験をもっている人もあるだろう。このように，自己開示には，開示者自身の自己概念を明確化する機能がある。

③社会的妥当化機能：自分の意見の正しさや能力のレベルが分からないことは，心理的に不安定な状態であり，人はそれを他者と比較することによって知ろうとするものである。そのためには，自分が適当だと認める相手に自己開示を行い，相手からの評価的反応（フィードバック）や，情報を得ればよい。これによって自分の意見や能力が社会的に妥当かどうかを判断できることになり，自己概念を安定させることができる。

2　自己開示の対人的機能

④二者関係の発展機能：開示者にとっては，自己開示そのものが，個人的機能で述べたように，カタルシスや自己明確化，社会的妥当化の達成となる。一方，開示を受けた方も，開示者から好意や信頼を受けていると推測できる条件の下では，報酬的な体験であるだろう。受け手は相手の好意にお返し（返報性）をするべく，自らを開示するようになり，こうして自己開示が相互に繰り返されることで，二者間の関係は親密になり，発展していく。

⑤社会的コントロール機能：自己開示を意図的に操作して，相手の自分に対する印象をコントロールする場合がある。自己開示を行うのはあなたに対してだけだ，と印象づけたり，返報性を期待して，相手の自己開示を引き出すために自らを開示するとか，意図的に会話の後期に内面的な自己開示を行うなどで

ある。この場合，とくに虚偽の情報を相手に伝達しているわけではなく，単に自己に関する情報を選択的に伝達して，相手への印象を意図してコントロールしているわけである。

⑥親密感の調整機能：相手がそれまでとは違って急に親密な態度をとってきた場合，例えば馴れ馴れしく近づいてきたり，さかんに視線を投げかけたり，同意を求めたりしたとき，われわれはそれに何らかの意図を感じ，違和感を抱くであろう。つまり，これまでの関係のレベルのバランスが崩れたとき，それを調整してもとのレベルを維持しようとする機能が働く。例えば相手から離れたり，目を合わせなくしたり，無視して返事をしなかったりなどである。こうして，自己開示は，二者間の親密度が適切なレベルに保たれるようにする親密感の調整機能をもっている。

6 自己開示研究の展開

ジュラードに始まる自己開示の研究は，1960年代当初，自己開示傾向が精神的健康の重要指標であるとの仮説にたって，JSDQとパーソナリティ諸特性（例えば，外向性・内向性，男性性・女性性，親和欲求，承認欲求，権威主義的性格，神経症傾向）との関係を検討したり，自己評価や孤独感，アイデンティティの確立度など，パーソナリティの健康性に関わる要因との関連性を追求する研究が多く行われた。しかし，自己開示とパーソナリティとの間には，一貫した関係性を認めることができなかった。

仮説が裏づけられなかった理由として，自己開示を多くする人ほど精神的健康度が高いという，自己開示と精神的健康との間に直線的関係を想定していたことが挙げられる。そうではなくて，自己開示が多すぎても少なすぎても精神的健康度は低くなり，適度な自己開示をする人が精神的に健康な人であるという，逆U字型の2次曲線を想定するべきであるとの批判がなされるに至っている。

その後，自己開示の問題が社会心理学やコミュニケーション研究の中で取りあげられるようになって，当初のパーソナリティとの関連性や心理治療場面で

自己開示が果たす役割など個人内過程へ注目したものから，自己開示を促進したり抑制したりするのに影響する要因の発見に関心が移り，さらに近年に至って，対人関係の形成や進展過程と関連づけて考えられるようになってきている。ここではそのうちの2点を紹介しよう。

1 自己開示を規定する諸要因

　自己開示を規定する要因には，大きく①開示者の要因，②開示相手の要因，③二者間の関係性の要因，④状況要因の4つが考えられるが，開示相手の自己開示が最大の要因であるといわれている。自らの自己開示は，相手からの自己開示によって最も大きな影響を受け，相手が自己開示してくれるときに，われわれは最も抵抗なく自己開示をすることができる。そして，相手が表面的な開示しかしなければこちらもそれにそれに合わせるし，もしも相手が内面的な自己開示をしてくれれば，こちらも内面的な開示をしようとする。このように，相手の自己開示の内面性のレベルに応じて自分も自己開示しようとする傾向のことを，**自己開示の返報性**（reciprocity: 相互性・互恵性とも訳される）と呼ぶ。

　この自己開示の返報性が生ずるメカニズムには，**信頼－好意仮説**つまり，相手から自己開示を受けたということは自分が信頼されている証拠とみなされやすく，その信頼に応えるべく同じように自分も自己開示しようとするというものや，**モデリング仮説**つまり，どの程度の自己開示をしたらよいかが曖昧な状況においては，相手をモデルとみなしてその行動を模倣し，相手と同程度の自己開示をするというものがあるが，最も有力視されている仮説が社会的交換仮説である（榎本,1997）。

　社会的交換仮説（social exchange hypothesis）とは，人の社会的行動を[行動≒利益＝報酬－損失]と考えるもので，相手に自己を開示することによってもたらされると予想されるものが報酬であるか損失であるか，そのそれぞれのトータルされたものを勘案した計算の結果で利益が決まり，その利益の大きさに基づいて行動，ここでは自己開示の量（内容や程度）が決定されるというものである。単に相手の自己開示と同等のものを返そうとするのではなく，返報することによって自分にもたらされる結果に対する計算が介在することが，

BOX 1　自己開示が返報性に及ぼす効果

　内密な内容の開示が，その開示を受け取った人からの，それに匹敵する内密な内容の開示を引き出すことが，これまでの研究からほぼ一貫して示されている。ジュラードは，自己に関する開示が，他者の開示を促進するための必要条件の1つであるとの仮説を呈示している。

　最近，ヒッツとシュルツ（Hitz & Schuldt, 1994）は，この自己開示の返報性の存在を実験的に検証した。

　この実験には，大学生（男性12名，女性12名）が，次の3つの条件のいずれかに割り当てられた。

①自己開示条件：実験者が，自分自身に関する中程度の内密な内容の情報を開示した後で，被験者（実験に参加した対象者）は，4つの質問への応答を求められる。

②他者開示条件：実験者が，自分の情報のかわりに，ある人物に関する中程度の内密な情報を開示するもので，それ以外は①と同一である。

③開示なし条件：実験者は，いかなる内密な情報も開示せず，表面的な話に終始した後で，被験者は4つの質問への応答を求められる。

　被験者の応答はテープレコーダーで記録され，翻文された。会話の持続時間，総時間，2人の評定者による応答内容の内密度の評定値のそれぞれが，条件（3つ）と性（2つ）によって分析（2要因分散分析）された。

　その結果は，次のようであった。

1. 持続時間に関しては，3条件間で平均値に差があり，③開示なし条件（平均値＝117.5秒）が他の2条件に比べて有意に短かった（①自己開示条件：平均値＝245.5秒，②他者開示条件：平均値＝227.8秒）。①自己開示条件と②他者開示条件の間には有意な差はなかった。また，性差はなかった。
2. 同一の結果が，応答内容の内密度の評定値に関しても示され，①開示なし条件（平均値＝12.2）は，他の2群に比べて内密度が低かった（①自己開示条件＝15.2，②他者開示条件＝14.8）。

　この結果より，自己開示が他者の開示を引き出すのに必要であるというジュラードの仮説は，単純には肯定されず，開示内容が自己のものと他者のものとに関係なく，いずれにしても実験者のある程度深い自己開示が，被験者からより多くの（時間的に長い），そしてより深い自己開示を引き出すことになることを，この実験は明らかにしたといえよう。

（出典）Hitz, L. C. & Schuldt, W. J.　1994　Effects of self- and other disclosure on reciprocity. *Perceptual and Motor Skills*, **78**, 258.

2　親密化の過程における自己開示

アルトマン（Altman）らが提唱した**社会的浸透理論**（social penetration theory）は，二者間の相互作用（行動の交換）が表面的なレベルから親密なレベルへ進み，対人関係が親密化していく過程を，社会的浸透という用語で表現している。関係の初期においては表面的な事柄しか話さないのに対して，次第により個人的で内面的な領域へと進んだ自己開示がなされるようになる。これが浸透の深さである。浸透の深さには，方向性と累積性が仮定されている。つまり，関係が進むにつれて相互の開放性はより大きくなっていく（社会的浸透過程の方向性）。また，より親密なレベルの相互作用が生起するまでには，表面的なレベルでの情報の交換からパーソナリティの中核をなす最も内密なものまでへの情報交換の積み重ねがある（社会的浸透過程の累積性）。これに対して，広さは，相互交換の量に関係するとされている。この広さと深さの両次元の組み合わせによって，さまざまな社会関係が生じてくる（磯崎，1995）。

このような当事者どうしに関する情報の交換は，自己開示行動だけを通して行われるわけではない。4章で紹介するさまざまなノンバーバル（非言語）行動も関わってくる。しかし，自己開示行動が当事者自身に関する情報の交換において最も重要な行動であることに間違いはない。その意味で，**社会的浸透過程（親密化過程）**を支えているのは自己開示であるといってよいであろう。

> **キーワード**：ジョハリの窓　自己開示　自己開示の返報性　社会的交換仮説　社会的浸透理論

課題

①榎本の「自己開示質問紙」を各自実施し，表1-3や本文中に紹介した榎本の結果を参考にしながらレポートしなさい。

②キーワードのすべてを用いて，800字程度にこの章を要約しなさい。

もっと学びたい人のために

榎本博明　1997　「自己開示の心理学的研究」北大路書房：自己開示の研究の全体を俯瞰するのに最適で，唯一の単独の和書。

ジュラード・S. M.（岡堂哲雄訳）　1974　「透明なる自己」誠信書房：自己開示概念の創始者の著作。

加藤隆勝　1977　「青年期における自己意識の構造」心理学モノグラフ No.14　日本心理学会：JSDQ の日本版を作成して中・高・大学生男女に調査したもの。

2章
自分を演出するコミュニケーション：自己呈示

――― この章のねらい ―――

他者とのコミュニケーションには，相手によい印象を与えたり，悪い印象をもたれることを避ける意図をもって，自分自身を「演出」することもある。このような行為が自己呈示である。自己呈示にはどのようなものがあるのか，それらはどのように機能するのか，この章では，社会的行動の研究で最近注目を集めている自己呈示について，考えてみよう。

1 謙遜は評価を高めるか

　さっそく1つのデータを示すことから入ろう。吉田・古城・加来（1982）は，小学2・3・5年生の男女児童を対象にして，仲間の児童の前で運動能力をほめられたとき，それを当然のこととして自慢する**自己高揚的呈示**の子どもと，謙遜する**自己卑下的呈示**の子どもとでは，どちらの方がクラスの仲間から，能力評価および性格評価の面で高く評価されるかを調査している。

　実際の調査内容の例を示して説明しよう。好ましい経験をして，その場面で仲間に自己高揚的呈示を行っている子どもが登場する話の1例は次のようなものである。

　トクミ君は，体育の時間に「鉄棒がうまいね」と，皆の前でほめられました。トクミ君は「だって，僕，体育は何でも得意だもん」といいました。皆は，トクミ君のことをどう思うでしょうか。
　・どのくらい鉄棒が得意な人だと思いますか
　・どのくらいいい人だと思いますか
　　　　　（注：質問文は実際には，すべてひらかなで書かれている）

このような質問が，経験（場面）が同一で自己高揚的呈示と自己卑下的呈示ごとに，3つの運動能力の場面について合計6つ用意されており，それぞれ能力

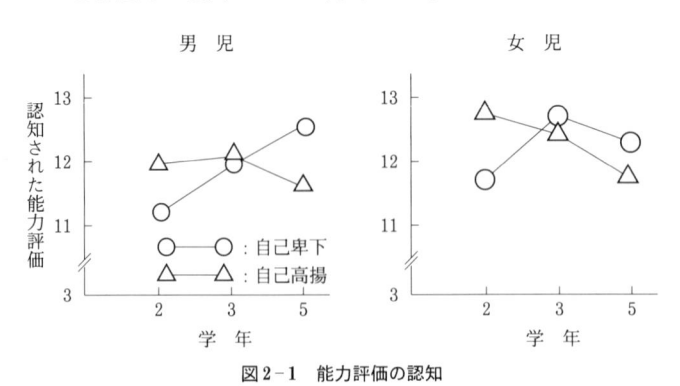

図2-1　能力評価の認知

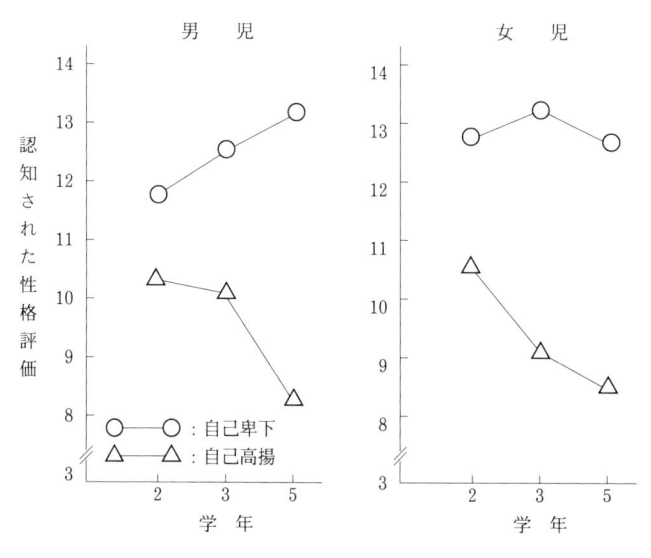

図2-2 性格評価の認知

評価と性格評価を問う形式になっている。評価はどちらも5段階で，点数が大きいほど高評価を表す。能力評価と性格評価の6問の合計点の，男女別，学年別の平均点を示したものが図2-1，図2-2である。

2年生では，自分を誇示する子は実際に能力がある，と額面どおりに皆から受け取られると思っているのに対して，5年生では，謙遜する子の方が本当は能力がある，と評価されるだろうと予想している。この傾向は，とくに男子で明確に認められた。一方，その子の性格についてみると，2年生の段階ですでに，自己卑下的呈示を行う子の方が，皆から「いい子」であると思われると考えており，その傾向は学年が上がるにつれていっそう大きくなっている。吉田らはさらに，児童たちが実際にも，自己卑下的呈示を行う傾向があることを報告している。

この結果が示すように，わが国の児童は，かなり早い時期から，自分の姿を控え目に呈示した方が，相手によい印象を与えるであろうという期待を学習しており，また実際にも控え目の自己呈示を行っているといえよう。

1章でも紹介したバーンランド（Barnlund, 1979）は，日米の大学生を対象に，日本人（アメリカ人）同士が話し合っているとき，その話し方を最もよく

表している形容詞をリストの中から5つ選ばせるやり方で，両者の比較を行った。それによると，コミュニケーションから見た日本人のプロフィールは，「遠慮する」「改まっている」「黙りがち」「用心深い」「つかみ所がない」「真面目」などの順であるのに対して，アメリカ人は「自己主張する」「率直」「形式ぶらない」「くだけた」「おしゃべり」である。バーンランドは，日米両文化における最も代表的なコミュニケーションの特徴は，日本人については「遠慮する」であり，アメリカ人については「自己主張する」であるとしている。ここにも日本人の自らを控える自己表現の姿をみることができよう。

2 自己呈示とは

ところで，ここまで，自己呈示とは何かについて，その概念を定義することもなくこの用語を用いてきた。ここで改めて定義をしておこう。

自己呈示（self-presentation）とは「他者から肯定的なイメージ，社会的承認や物質的報酬などを得るために，自己に関する情報を他者に伝達すること」をいう（小口，1994）。1章でみたように，素顔の自分を他者に知らせる行動を自己開示と呼ぶが，いわば仮面をかぶった自己の姿を他者に見せることが自己呈示であり，両者は区別される。

自己呈示は，必ずしも言葉によって，また意識的にではなく，表情や身振りなどノンバーバル（非言語的）表現を通して，あるいは無意識的に行われる場合もあるが，いずれにせよ，社会生活を営む上での一種の演技でもあり，社会学者ゴフマン（Goffman, E.）は，この自己呈示現象を**印象操作**（impression management：**印象管理**とも訳されている）と呼び，これこそがわれわれの社会生活の中核をなすものであると位置づけている（船津，1996）。

ゴフマンは，人間の行為を「演技」とみる。彼は，日常生活における人々の行為を，舞台の上での俳優の演技と同じことだと考えており，演技することこそが人間の行為であるという。人の行為は，俳優が観客を意識するように，他の人を意識してなされるもので，しかも，他者に対する印象をよくしようとして人は印象操作を行っているというのである。人が印象操作を行うのは，他者

が外に現れたものに基づいてその人を評価するからであり，他者の判断の素材として「よい自分」を提供し，また「悪い自分」を隠そうとすることが印象操作である。したがって，印象操作とは，本当の自分とは異なる自分を他者に示すことを意味する。このように，自己呈示と印象操作は，ほぼ同じ概念として扱われている。

では，自分の印象をよくするために，われわれは日常生活の中で，どのような自己呈示行動を行っているのだろうか。テダスキとノーマン（Tedeschi & Norman）は，①戦術的か戦略的か，②防衛的か主張的か，という2つの次元の組み合わせから自己呈示行動を分類することを試みている（安藤，1994）。それを示したものが図2-3である。

	戦術的	戦略的
防衛的	弁解 正当化 セルフ・ハンディキャッピング 謝罪 社会志向的行動	アルコール依存 薬物乱用 恐怖症 心気症 精神病 学習性無力感
主張的	取り入り 威嚇 自己宣伝 示範 哀願 称賛付与 価値高揚	魅力 尊敬 威信 地位 信憑性 信頼性

図2-3 **自己呈示行動の分類**（Tedeschi & Norman, 1985）

戦術的自己呈示とは，特定の対人場面において一時的に相手に特定の印象を与えようとするやり方を意味し，例えば，セールスマンが，契約を取ろうとして客にさかんにお世辞を言ったり，契約が取れなかったことに対して上司に言い訳をしたりするといった場合がこれに当てはまる。また，**戦略的自己呈示**とは，多くの場面においてこうした戦術を組み合わせ，長期にわたって特定の印象を他者に与えようとするやり方を指している。セールスマンが，どのような相手に対しても，またいつでも慇懃な態度をとることで，礼儀正しい人だとか，

誠実な人だという評価やイメージを売り込むなどがこの例である。

一方，**防衛的自己呈示**とは，他者が自分に対して好ましくない印象を抱いたり，あるいは抱く可能性があるとき，自分のイメージをそれ以上傷つけないようにしたり，少しでもそれをよい方向に変えようとする試みを指し，いわば「守りの見せ方」であるのに対して，**主張的自己呈示**とは，特定の印象を他者に与えることを目的として，積極的に自らの行動を組み立てていくやり方で，いわば「攻めの見せ方」ともいえるものである。次に，防衛的自己呈示と主張的自己呈示のそれぞれについて，「戦術的自己呈示」に焦点を当ててみていくことにしよう。

3　防衛的・戦術的自己呈示

図2-3には，弁解，正当化，セルフ・ハンディキャッピング，謝罪，社会志向的行動，の5つの自己呈示行動が挙げられている。深田（1998）による，それぞれの簡単な説明を紹介しておこう。

①弁解：行為者が，自分と好ましくない結果との結び付きを弱めて，責任を回避しようとする言語的行為。

②正当化：行為者が，好ましくない結果に対する自分の責任を部分的には認めるけれど，その好ましくない結果のもつ否定的な意味合いや深刻さを弱めようとする言語的行為。

③セルフ・ハンディキャッピング：自分の特性や行為が評価される可能性があるが高い評価をもらえるかどうか確信がもてないとき，自分にはハンディキャップがあると主張する言語的行為や，自らハンディキャップを作りだす行為。

④謝罪：行為者が自分の行為を非難に値すると認め，その責任を受け入れようとする言語的行為。

⑤社会志向的行動：個人の不適切な行動が他者に被害を及ぼしたとき，その個人は被害者あるいは被害を受けていない目撃者や第三者に対して，社会的に賞賛される社会志向的行動をとる。

このうち，聞き慣れないセルフ・ハンディキャッピングと社会志向的行動に

ついて，もう少し説明してみよう。

セルフ・ハンディキャッピング（self-handicapping: 自己劣等化）とは，「ある行為によって自己のイメージが脅かされる結果が生じることが予期される場合，結果がでる時点で自分に有利な帰属がなされるように，予めハンディキャップを自分に与えるような行動をとったり，ハンディキャップがあることを主張しておく行為」である（沼崎，1994）。失敗した場合には，ハンディキャップがあったのだからやむをえないと主張することによって，失敗の原因を行為者の特性（能力，努力，性格など）のせいではなく，そのハンディキャップのせいにすることができるので，行為者の評価の低下や印象の悪化を予防することができる（**割引原理**）。また，予めハンディキャップを主張しておいて成功した場合には，ハンディキャップがあるにもかかわらず成功したことで，行為者の特性が成功の原因と解釈され，評価や印象を高めることができる（**割増原理**）。

誰しも一度は，テストの前に「昨晩は風邪を引いて熱が出たので，全然準備できなかった」などと，友人に予防線を張った経験をもっているだろう。これがセルフ・ハンディキャッピングである。このように考えると，好ましい結果が生ずるか生じないかにかかわらず，事前にハンディキャップとなるような状況を作りだしておくことで，少なくとも他者からの悪い印象や評価を回避することも可能になる。この方略は自我を防衛するためのものであり，適当な範囲で行っている限りは問題にはならない。ただ，度を過ごしたり持続的に使用されるようになると，さまざまな問題行動となる。意識的，無意識的に「病気になる」ことで自分を守ったり，病気や障害をハンディキャップの口実につかって引きこもったり，さらにはアルコールや薬物に依存することでハンディキャップを作りだし，現実逃避する現象もよく見られるケースである。

一方，社会志向的行動とは，上に述べた説明をもとに例で示せば，いじめっ子が，いつものように砂場で相手の子を転がしているのを，たまたま相手の子の母親（または顔見知りの大人）に見つかってしまったような場合，偶然に転んだように見せかけて，さも親切そうに相手の泥を払ってやったり，泣いている相手にあめ玉を与えてあやしたりして，よい子ぶってみせるなどはこれに当てはまるだろう。すなわち，好ましくない行為の遂行は，重要な他者から

BOX 2 自己呈示における自己卑下・集団高揚規範の存在

　プロ野球の試合終了後のインタビューで，勝利投手となった選手が，「今日のピッチングの出来は全然ダメでしたが，バックスがよく守り，打ってくれたので勝てました。チームの皆に感謝しています」というような答え方をしているのを，テレビでよく見受ける。

　村本・山口（1994）は，日本人の自己呈示の特徴として，自己卑下と集団高揚を特徴とする規範の存在を明らかにしている。つまり，日本の文化として，個人の成功については卑下し，自分の所属する集団（内集団）の成功は高揚することが望ましいという規範があるというのである。

　実験は，日本とハワイの中学生に対して行われた。

場面設定：刺激人物が校内マラソン大会で1位になる（個人）／刺激人物の所属チームが校内駅伝大会で1位になる（集団）。

帰属形態：刺激人物が優勝の原因を個人（またはチーム）の能力に帰属する（高揚的帰属）／個人（またはチーム）の努力に帰属する（高揚的帰属）／運に帰属する（卑下的帰属）。

刺激人物に対する印象評定：人物への仲間意識，人物への信頼，人物の本音・タテマエ度，人物のリーダーシップ，などを問う合計21項目の各7点評価尺度。

　被験者を日本，ハワイのそれぞれでランダムに，場面（2）×帰属形態（3）の6条件に振り分け，6種類の刺激文のうち，いずれか1種類を読ませた後，刺激人物に対する印象評定をさせるというものである。

　結果は次のようであった。

◆日本データ

①個人条件では，自分個人の成功は運に帰属することが最も好ましく，集団条件では，逆に所属集団の成功を運に帰属することは最も好ましくない，と評価さ

マイナスのイメージでみられる危険性を増すという意味で一種の社会的苦境であり，このような状況のもとでは被害者や第三者に対して社会志向的行動を行うことが，好ましくない行為は事故であることを強調し，イメージをプラスのものに変容することにつながると考えられるのである（安藤，1990）。

れた。
　②個人条件では，自分の成功を能力に帰属する人物は最も信頼できないと評価されるのに対して，集団条件では，集団の成功を運に帰属する人物が最も信頼できないと評価された。
　③個人条件では，自分の成功を運に帰属する人物は，能力や努力に帰属する人物よりもタテマエ的だと評価されたのに対して，集団条件では，運帰属と能力・努力帰属とには差が認められなかった。このことは，自己の成功に関して自己卑下的呈示を行っても，それが額面どおり受け取られず，謙遜の現れと解釈されることを示している。
◆ハワイデータ
　①個人条件，集団条件とも，成功を運に帰属した場合，それは謙遜とは受け取られず，能力・努力と同程度に正直な発言として額面どおりに理解される。
　②個人条件，集団条件とも，運帰属者は，能力・努力帰属者に比してリーダーシップに欠けると評価された。

　これらより，日本では，
　①個人の成功に関して，自己卑下的帰属を行う方が，自己高揚的帰属を行うよりも，他者から好意的な評価を受ける傾向がある。
　②呈示者が自分の成功に関して，自己卑下的な帰属をした場合，呈示の意味は額面どおりには受け取られない。聞き手はそれを謙遜の現れと解釈する。
　③個人が集団を代表している場合には，逆に，集団高揚的な帰属を行う方が，集団卑下的帰属を行うよりも，他者から好意的な評価を受ける傾向がある。

（出典）村本由紀子・山口　勧　1994　自己呈示における自己卑下・集団高揚規範の存在について．日本社会心理学会第35回大会発表論文集，222-225．

4　主張的・戦術的自己呈示

　行為者が他者に対して，特定の印象を与えようと試みる主張的自己呈示方略には，図2-3に示されるように7種類ある。
　①取り入り：好感のもてる人物だという印象を相手がもつようにし向ける，真意とは異なる行為。
　②威嚇：危険な人物だという印象を相手にもたせ，行為者の意志に反した場

合に好ましくない結果がもたらされるのではないかという恐怖感情を相手に生じさせる行為。

　③自己宣伝：有能な人物だという印象を相手にもたせるため，自己の能力に関して誇張した自己描写を行う行為。

　④示範：道徳的価値があり立派な人物だという印象を相手に与えようとする目的のために，自己犠牲的行為や献身的努力などを行う行為。

　⑤哀願：かわいそうな人物・弱い人物だという印象を相手に与え，弱者救済の社会的規範を相手から引き出すことで報酬を得る行為。

　⑥称賛付与：ことがうまくいった結果の原因が自分にあるという，自分の貢献度をことさらに誇張する行為。防衛的自己呈示の「弁解」に対応する。

　⑦価値高揚：好ましい行為やその結果について，それがもっている価値をことさらに強調する行為。防衛的自己呈示の「正当化」に対応する。

　この中で，日常最も頻繁に行われるものが**取り入り**であり，社会的立場の高い相手や勢力の大きい相手に対して行われることが多い。これには4つのタイプがあり，他者高揚（お世辞），意見同調，自己描写，親切行為である。他者高揚は，相手の美点を強調することによって相手の自尊心を高める行為であり，意見同調は，自分の本意とは別に相手の意見や考え方に賛同したり追従すること，自己描写は，自己の長所や能力を相手が知ってくれるように見せつけたり確かめることであり（例，残業して仕事ぶりを上司に認めさせる），親切行為は，相手の幸せを願っていることを暗に示すべく親切めいた行為をする（例，上司を自宅まで送り迎えする），といったものである。

　なお，上の7つの中でわかりにくいと思われる称賛付与と価値高揚についても，例を挙げて説明しておこう。称賛付与では，例えば「彼女が主役に抜擢されたのは，実は僕が，監督から相談されて，彼女を推薦したからなんだ」と演出家と称する人物が吹聴するなどはこれに該当する。また，価値高揚では，重箱の隅をつついているような研究の成果をさも重要な知見のごとく学会で発表する研究者や，契約額は小さいがこれまで参入できなかった企業との取引に成功したことは大きい，と自画自賛するセールスマンなどの例がこれに当たる。

　いずれにせよ，これら主張的自己呈示方略は，失敗した場合には，うぬぼれが強いとか，ゴマスリ，不誠実，卑屈，無能，怠け者，偽善者，ほら吹きなど，

否定的な印象を与えてしまうことにもなる。

　また，こうした主張的自己呈示を，長期的・戦略的に用いることによって，魅力や尊敬，信望，地位，信憑性，信頼性などを獲得することができるようにもなる。

　なお，この章の冒頭の吉田ら（1982）による小学生の調査で紹介した自己高揚的呈示，自己卑下的呈示は，主張的自己呈示方略の中の自己宣伝に対応しており，自己宣伝が自己高揚的呈示であるのに対して，自己宣伝とは逆方向の謙遜が，自己卑下的呈示を意味している。

5　自己呈示の上手な人

　これまでみてきたことから理解できるように，自己呈示にはいろいろな側面があり，1人の人間が相手や場面に応じて「仮面」を上手に使い分けることで，自己を演出することができるし，またそれが求められることも多い。例えば，学生であれば，ゼミの時間には自分の意見を主張したり，活発に討論する行動が求められるし，サークルでは開放的で協調的な面が，コンパの席では賑やかしく，パフォーマンスが，さらに家庭教師のアルバイト先では自信のある姿や「先生らしさ」が，というように，場面に応じた自己の演出が要求されるだろう。ところが，われわれの周囲の人々を観察すれば明らかなように，このような要求に合致した適切な行動をとるのが上手な人もいれば，仮面の使い分けのできない人もいる。

　セルフ・モニタリング（self-monitoring: 自己監視）とは，「社会的状況や他者の行動に基づいて自己の表出行動や自己呈示が社会的に適切かどうかを観察し，自己の行動を統制（モニター）すること」と定義される（市河，1995）。この概念を提唱したスナイダー（Snyder）は，セルフ・モニタリング傾向の個人差を測定するための尺度を開発している。表2-1は，岩淵・田中・中里（1982）によって作成された日本語版である。

　この傾向の強い人は，「カメレオン」のように時と場合に応じていろいろな自分を演出できる性格の人であり，自己の社会的行動が，社会的状況や対人関

表2-1 セルフ・モニタリング（自己監視）尺度（岩淵・田中・中里，1982）

以下に25の質問がありますが，それぞれの問に対して，自分に最も当てはまると思うところに○印をつけて下さい。

	非常にそう思う	そう思う	どちらともいえない	そうは思わない	全くそうは思わない
1 ＊ 人の行動をまねるのは苦手だ	5	4	3	2	1
2 ＊ 自分の気持ちや，考え・信じていることを，行動にそのまま表す	5	4	3	2	1
3 ＊ パーティや集まりで，他の人が気にいるようなことを，言ったりしたりしようとはしない	5	4	3	2	1
4 ＊ 確信をもっていることしか主張できない	5	4	3	2	1
5 あまり詳しく知らないトピックでも，即興のスピーチができる	5	4	3	2	1
6 自分を印象づけたり，他の人を楽しませようとして，演技することがある	5	4	3	2	1
7 いろんな場面でどう振るまっていいかわからないとき，他の人の行動を見てヒントにする	5	4	3	2	1
8 たぶん，よい役者になれるだろう	5	4	3	2	1
9 ＊ 映画や本・音楽などを選ぶとき，友人のアドバイスをめったに必要としない	5	4	3	2	1
10 実際以上に感動しているかのように振るまうことがある	5	4	3	2	1
11 喜劇を見ているとき，1人よりみんなと一緒の方がよく笑う	5	4	3	2	1
12 ＊ グループの中で，めったに注目の的にならない	5	4	3	2	1
13 状況や相手が異なれば，自分も違うように振るまうことがよくある	5	4	3	2	1
14 ＊ 他の人に，自分に好意をもたせるのが，特別上手な方ではない	5	4	3	2	1
15 本当は楽しくなくても，楽しそうに振るまうことがよくある	5	4	3	2	1
16 私は，常に見かけのままの人間というわけではない	5	4	3	2	1
17 ＊ 人を喜ばせたり，人に気に入ってもらおうとして，自分の意見や振るまい方を変えたりしない	5	4	3	2	1
18 自分は，エンターテイナーであると思ったことがある	5	4	3	2	1
19 仲良くやっていったり，好かれたりするために，他の人が自分に望んでいることをする方だ	5	4	3	2	1
20 ＊ これまでに，ジェスチャーや即興の芝居のようなゲームで，うまくできたためしがない	5	4	3	2	1
21 ＊ いろいろな人や状況にあわせて，自分の行動を変えていくのは苦手だ	5	4	3	2	1
22 ＊ パーティでは，冗談を言ったり，話したりするのは，他の人に任せて，自分は黙っている方だ	5	4	3	2	1
23 ＊ 人前ではきまりが悪くて，思うように自分を出せない	5	4	3	2	1
24 よかれと思えば，相手の目を見て，真面目な顔をしながら，うそをつくことができる	5	4	3	2	1
25 本当はきらいな相手でも，表面的にはうまく付き合っていける	5	4	3	2	1

（注1） ＊印は逆転項目。得点化の際には，5 は 1，4 は 2，のように逆転して加算すること。
（注2）
- 外向性因子：1, 3, 5, 6, 12, 14, 20, 21, 22, 23（社会的な事柄への関心が高く，社交的な特性を示す）
- 他者志向性因子：3, 6, 7, 10, 11, 12, 15, 16, 17, 19, 24, 25（ある状況で適切な行動をとることに関心が高く，自己の感情を統制する特性を示す）
- 演技性因子：5, 6, 8, 18（他者を喜ばせたり，会話が流暢である特性を示す）

表2-2 セルフ・モニタリング尺度の項目および下位尺度の平均値

	1*	2*	3*	4*	5	6	7	8	9*	10	11	12*	13	14*	15
男	3.01	2.73	3.04	2.73	2.57	3.38	3.86	2.59	3.20	2.91	3.49	3.23	3.95	2.55	3.46
女	3.02	2.68	3.12	2.70	1.97	3.37	3.89	2.47	3.54	2.78	3.48	3.15	3.87	2.56	3.33

	16	17*	18	19	20*	21*	22*	23*	24	25	外向性	他者志向性	演技性
男	3.84	3.01	2.66	3.66	3.19	3.28	3.16	2.95	3.02	3.24	30.36	40.15	11.20
女	3.98	3.15	2.40	3.44	3.01	3.20	3.19	2.92	2.85	3.17	29.55	39.70	10.20

＊印の項目の数値は逆転後のもの。尺度についても同様。
対象者：大学新入生　男子＝128名　女子＝228名（1999年4・5月にA.S大学とA.G大学で実施した結果）

係の中で適切かどうかについての関心の高いことを意味し，外的要因に基づいて行動しがちである。一方，セルフ・モニタリング傾向の弱い人は，周囲の状況への自己の行動の適切さに関心が薄く，個人の内的要因に基づいて行動しようとする性格の持ち主である（市河，1995）。なお，この尺度は，外向性，他者志向性，演技性の3因子からなっていることが明らかにされており，因子ごとに得点を求めることも可能である（表2-2参照）。ちなみに，外向性は，社会的な事柄への関心が高く，社交的な特性を示す。他者志向性は，ある状況で適切な行動をとることに関心が高く，自己の感情を統制する特性を示す。また演技性とは，他者を喜ばせたり，会話が流ちょうである特性を示す。

　実験を1つ紹介しよう。スナイダーら（1985）は，男子大学生を対象にセルフ・モニタリング得点の高い群と低い群を設定して，デートの相手選びの実験を行った。実験が近くのレストランで行われることを告げた上で，2人の女子学生のプロフィルを記したファイルを見せて，どちらか一方を相手として選ぶように求めた。被験者に渡された2人のファイルには，対照的な写真とプロフィルが記されており，一方（ジェニファー）は，美人だが人見知りをする，1人でいるほうが好き，気分が変わりやすいという人物であるのに対し，他方（クリステン）は，美人ではないが社交的・開放的で，ユーモアのセンスがあり，情緒的にも安定している人物というものである。仮説では，高セルフ・モニタリング群は，特定の社会的状況で自分がどうみられるかを重視するので，パートナーを選ぶ際にも外見を重視して見栄えのする女性を選ぶだろう，これに対して低群は，外見よりも内面を重視して，自分自身をよりよく表現できる相手

を選ぶだろうというものであった。結果は，セルフ・モニタリング高得点群でジェニファーを選んだ者は69％，低得点群でクリステンを選んだ者は81％と，いずれも仮説を支持していた（安藤，1994）。

ところで，読者も，表2-1の質問票に答えてみてほしい。この尺度で，自分の中の「役者」度をチェックしてみるのもよいであろう。

> **キーワード**：自己呈示　印象操作　防衛的自己呈示　主張的自己呈示　セルフ・ハンディキャッピング　セルフ・モニタリング

> **課題**

①「セルフ・モニタリング尺度」を各自実施し，表2-2を参考にしながらレポートしなさい。
②キーワードのすべてを用いて，800字程度にこの章を要約しなさい。

> **もっと学びたい人のために**

安藤清志　1994　「見せる自分／見せない自分　－自己呈示の社会心理学－」サイエンス社：自己呈示の研究の全体を俯瞰するのに最適で，唯一の単独の和書。
スナイダー（斎藤勇監訳）　1998　「カメレオン人間の性格　－セルフモニタリングの心理学－」川島書店：セルフ・モニタリング概念の創始者の著作。
ゴフマン（石黒毅訳）　1974　「行為と演技」誠信書房：自己呈示と類似の印象操作という概念を提唱した社会学者の著作。

3章
対人交渉のコミュニケーション：要請と承諾

この章のねらい

冷静に判断すれば騙されようもないことに引っかかったりした経験をもつ人もいよう。騙しではなくとも、対人交渉の過程で生ずる要請や説得など，人に何か影響を与えようとするとき，効果が高いやり方というのはあるのだろうか。またどのような方法をつかって影響を高めているのだろうか。この章では，対人交渉の1つとしての要請と承諾のメカニズムについて考えてみよう。

1　交渉の達人

　友人から次のような相談をもちかけられたと思って下さい。
　　シーン1：
友人「サークルの友達と旅行するんだけど，ちょうど今持ち合わせがなくって。1万円ほど貸してくれない？」
私　「うん，いいよ」
友人「できればもう少し借してほしいんだけど……。2万円，なんとかならないかなぁ」
私　「2万円！　痛いなぁ。でも，まあ，しょうがないか」
友人「サンキュー。助かるわ」
　　シーン2：
友人「サークルの友達と旅行するんだけど，ちょうど今持ち合わせがなくって。3万円ほど貸してくれない？」
私　「3万円！。悪いんだけど，こっちも今，金欠病なんで……」
友人「そうかー，ダメか。じゃあ，2万円でもいいんだけど……」
私　「2万円か，痛いなぁ。でも，まあ，しょうがないか」
友人「サンキュー。助かるわ」

　シーン1では，少額の借金を承知させておいて，額をつり上げていくというテクニックであるのに対して，シーン2では，断られることを承知で高額の借金を要請して，低額の借金の承諾を得るというテクニックである。最終的には2万円という同額を手にするのであるが，いずれのやり方も，最初の要請は様子見の，いわば牽制球である。

　こうした方略は，対人交渉の過程でとられる要請技法としてよく目にするもので，セールスマンなど，他者の行動を変容させる（商品を買わせる）ことを目的とする職業に就いている人々の間では，こうした要請の承諾率を上げる方法がいくつか知られており，いわば「経験則」として実際の販売活動に用いられてきた。ただ最近，これに類する，明らかに騙すことを目的とした，犯罪もしくは犯罪すれすれのもっと巧妙で悪質な手口が世にはびこっており，これが

悪徳商法といわれるものである。1998年10月18日の朝日新聞「天声人語」は次のように紹介している。

朝日新聞「天声人語」（平成10年10月18日より）

　不況につけ込む悪い連中が目立ってきた。あの手この手で金を巻き上げるだましの手口を紹介しょう。いずれも全国ではびこっている例だ。くれぐれもご用心を▶求人広告を見て下着販売会社の説明会に行く。「買わないと良さがわからない」と購入を勧められる。一式七，八十万円もするが，採用をちらつかせられてクレジット契約を結んでしまう。ほかにも健康食品，化粧品，浄水器などの販売会社にこの求人商法がみられる▶「在宅の仕事で高収入」と聞けば，心の動く人は多いだろう。ワープロで文書を打つだけ，という勧誘がそれ。ただし，ワープロの資格をとれば仕事を回す，数十万円の機材を買ってもらう，と条件がつく。トラの子をはたいたら最後，仕事はこないと思った方がいい。被害続出の内職商法だ▶催眠商法も息を吹き返している。住宅やビルの一室に人を集めて，ほしい人の手を挙げさせて，洗剤やタオルなどの雑貨を次々にただで配る。興奮してきたところで，五十万円もする布団や健康器具を買わせる。拒むと取り囲むなど，最近は暴力的になってきた▶宅配便を装い，注文をしていない品物を代金引換で届ける詐欺がある。品物は夫の身の回り品など。妻は変だなと思いながらも，仕事先の夫に確認せずに代金を払う。郵便の代引き制度を悪用して，品物を勝手に送りつけるやり方もある▶そして，消費者金融の借金に苦しむ人を陥れる手口。まず，より低利で借りられる銀行などのマイカーローンを利用した借り換えを勧める。車を買うように装った書類をつくってやり，ローンを申し込ませる。融資が決まったら，その金を取る▶まるで悪知恵比べだ。しかし，被害にあわない心得はある。ただでものがもらえる，わずかな労力で高収入になる，そんな甘い話があるはずもない。うまい話は必ず疑ってみることだ。

2　要請を受け入れさせる技法

　要請を受け入れさせる技法としてよく知られている4つがある。いずれの技法も，シーン1・2でみたように，本当の目的の要請をする前に，わざと偽りの第1の要請をしておき，その後で真の目的とする第2の要請をするという手順を踏んでいることである。いきなり真の目的の要請をするよりも，こうすることで承諾率を上げることができるという。

BOX 3　悪徳商法の勧誘手口

　新聞報道によれば（朝日新聞1999年2月28日），愛知県内各地の県消費生活センターに持ち込まれた「アポイントメント商法」に関する相談が，98年4月からの8ヶ月間に354件と，前年同期に比べて31.1％増え，相談件数全体は減少傾向にある中で際だって増加しており，その9割が20代の若者からで平均年齢は22歳，成人になったばかりの若者が狙われるケースが多く，平均契約額も103万円と高額だという。

　悪徳商法のうち，とくにセールスマンと客が対面して商談を行う種類のものでは，さまざまな説得や要請の技法が駆使されている。それらのいくつかを簡単に紹介しよう。

　(1)アポイントメント商法：「無料宿泊券をプレゼントします」「イベントの企画をしているので話だけでも聞きに来て」「お届け物にきましたが，留守なので持ち帰ります。お電話下さい」などと，勧誘目的を隠して電話で喫茶店や営業所へ呼び出し，その場で高額な商品の契約を迫るやり方。今しかチャンスがない，持っていて損になるものではない，割賦販売でよい，など手練のセールスマンに何時間もしつこく勧誘されて拒否することが困難になり，根負けして契約してしまう。英会話教材，会員権，着物など。

　(2)デート商法：見知らぬ異性から電話で「○○さんから紹介されたのですが，一度会っていただけませんか」と誘われ，一度ぐらいなら，と出かけると，魅力的な異性が待っている。何度かデートをして恋人気分にさせたところで，相手が契約している店（勧誘者とグルになって客を騙す店）へ誘い，高額な商品を勧めて買わせるやり方。貴金属，着物など。

　(3)霊感商法：「先祖のたたりで不幸になる」「購入すれば災難から免れる」などと，霊や前世の因縁など未知の力を強調して恐怖心や不安をあおり，人の不幸や不安につけ込んで高額な商品を売りつけるやり方。印鑑セット，壺，仏具など。

　(4)たかり商法：公的機関からの訪問を装って商品を売りつけるもの。「消防署の"方"から来ました」といって消火器を売りつけたり，郵便局を名乗って表札や郵便受けを，保健所を装って避妊具や台所・トイレ用品を売るケースもあると

1　段階的要請法

　この方法は，まず最初に相手が承諾しそうな小さな要請を出して承諾・実行させ，次に目的とする大きな要請を出すことで，先の要請を承諾したことを利用して，後の承諾・実行に持ち込もうとするやり方である。上例のシーン1がこれに当たる。

いう。類似のものに「点検商法」があり，点検に来たと訪問し，「ふとんにダニがいる」「シロアリの被害が出始めている」「壊れている」などとだまして，代替品を売りつけるやり方。

(5)現物まがい商法：金やダイヤモンドなどを業者が売りつけて，それを一定期間預かり，利子を付けて返すというものだが，実際に現物が消費者に渡されることもなく，業者が現物を持っているかも疑わしい。1985（昭和60）年に起こった豊田商事事件は社会問題になった。

(6)ホームパーティ商法：「料理の講習会を開きませんか」「ホームパーティを開きませんか」など，近所や知り合いの家を会場にして人を集めさせ，所定の台所用品を使い，その製品がいかに優れているかを宣伝し高額で買わせるやり方。ナベ，婦人下着，浄水器など。

(7)キャッチセールス：駅や繁華街の路上でアンケート調査などと称して近づき，それに応じると喫茶店に連れ込み，話がはずんだところで別の商品や役務の売買契約を結ばせるやり方。化粧品，全身美容サービスなど。

(8)マルチ商法：商品を購入し，自分もまた商品の買い手を探し，買い手が増えるごとにマージンが入り，自分の系列に加入者を増やしていくと大きな利益が得られるというやり方。知らない人からの勧誘には警戒するものの，友人や知人からの誘いには警戒心が弱まるところを利用している。浄水器，羽毛ふとん，風呂水浄化装置など。

その他，「原野商法」「見本工事商法」「資格商法」「体験談商法」「福祉商法」「さむらい（士）商法」や，天声人語が紹介した「求人（就職）商法」「内職商法」「催眠（SF）商法」「送りつけ商法」などと名付けられる，人間の行動の特質を知り尽くしたさまざまな手練手管を駆使して誘ってくる。

堺（1988）によれば，これらはいずれもその勧誘にあたっては，虚偽のことを言い，意図的に真実を隠し，しつこくまた強引に振る舞い，広域・広範囲の人から多額の金銭を奪い取ることを組織的に行っている，という共通点があるという。

(出典) 諸澤英道編　1994　「悪質商法」現代のエスプリ No.325. 至文堂
　　　　堺　次夫　1988　「その手にのらない基礎知識」サンコーインターナショナル出版

戸別訪問をして商品を売り込もうとするセールスマンは，その商品を買ってもらう前に，とにかくまず玄関のドアを開けさせ，足を踏み込まなければならない（foot-in-the-door）。「話だけでも聞いて下さい」（小要請）と1歩足を入れることが出来れば（承諾の獲得），商品の売り込み（大要請）の可能性は高くなる。一方，相手（客）の側からすれば，ドアを開けてしまった（セールスマンを家に入れてしまった）ということが小さな負い目になり（小要請の承諾），

商品を買ってあげよう（大要請の承諾）ということにつながる。このように，セールスマンがドアに足を入れるところから**フット・イン・ザ・ドア・テクニック**と名付けられ，小さな要請を承諾させてから大きな承諾に段階的に進むことから，**段階的要請法**ともいわれる。

この方法の先駆けとなる実験は，フリードマンとフレイザー（Freedman & Fraser, 1966）によって行われた。家庭の主婦を対象に，消費者生活団体というふれこみで，「数人のスタッフがお宅へ伺い，家庭用品を分類・整理して2時間ほど調査させてもらいたい」という，一般的には容易に承諾の得られそうもない大要請を行う3日前に，小要請を電話で行った。小要請は次の4条件で，〈小要請実行条件〉家庭用品（洗剤など）について簡単な質問を8問し，それに答えてもらった。〈小要請承諾条件〉家庭用品について簡単な質問に答えていただけるでしょうかと尋ね，承諾が得られると，もしお願いする場合には改めてお電話します，といって電話を切った。〈あいさつ条件〉私どもの団体は，家庭用品について調査をしていますので，どうかよろしく，とあいさつだけした。〈統制条件〉小要請は何もせず，大要請をいきなりした。その結果，大要請への承諾率（電話で承諾の可否を取ったところで実験は終了）は，小要請実行条件：52.8％，小要請承諾条件：33.3％，あいさつ条件：27.8％，統制条件：22.2％であった。〈統制条件〉と統計的に有意な差があったのは〈小要請実行条件〉だけであり，この結果からフリードマンらは，段階的要請法が成功するためには，最初に出される小要請の承諾を取るだけでなく，それを実行することが必要であると結論づけた。

その後に行われた実験結果も踏まえて整理すると，この方法による効果に影響を及ぼしている要因には次のようなものがある（川名，1989）。

①小要請に対して承諾するだけで，実行しない場合でも段階的要請効果が生ずる。ただ，十分に大要請の承諾率を高めるためには，実行する方が効果が大きい。

②小要請と大要請の内容が類似している方が承諾率は高いが，内容が異なっていてもある程度の承諾率は高まる。

③小要請を行う人と大要請を行う人が同一であれば承諾率が上がるのは当然として，別人物でも承諾率を上げることができる。

④小要請と大要請の間の時間は，かなりの間隔があっても（3日〜2週間）効果がある。

これらの点から，段階的要請法はかなり応用範囲の広い技法であるといえよう。

どうしてこのような効果が生ずるか，そのメカニズムについては，ベム（Bem, D. J.）の**自己知覚理論**（self-perception theory）が有力視されている。この理論は「人は自分の行動とその行動が生起した状況の自己観察・分析から，自分の態度や内的状態を知るようになる」というもので（押見，1994），小要請を承諾したということは，自分は，他者から要請を受けた場合にはそのような行動をとるタイプの人間なのだ，と自分を第三者のように観察し，そこから自己を形成するので，次の要請（大要請）も承諾しやすくなる，というものである。

2　譲歩的要請法

この要請法の例示が上記のシーン2である。まず本来の目的の要請よりも相対的に大きな要請をして，それを相手にわざと拒絶させ，その後に本来の要請をすることで，最初の要請を拒絶したことに対する相手の負債感を利用して，後の要請の承諾・実行に持ち込もうとするやり方である。

セールスマンが拒絶の予想されるような大きな要請を訪問先の玄関ですると，「うちは結構です！」と目の前でドアをピシャリと閉められてしまうことがある（slam the door in the face）。この言い回しから，この技法は**ドア・イン・ザ・フェイス・テクニック**と名付けられたが，大きな要請をまず拒絶させ，それを譲歩するかたちで小さな要請を承諾させることから，**譲歩的要請法**ともいわれる。

この方法を実験的に確かめた最初はチャルディーニら（Cialdini et al., 1975）で，キャンパス内の学生を呼び止めて，「非行少年のカウンセラーをボランティアで週2時間，2年間続けてやってほしい」という誰でもが拒絶しそうな大きな要請をする。その要請が拒絶された後で，「それでは，非行少年のグループを動物園に連れていくので，2時間ほどボランティアで手伝ってほしい」という本来の目的の小さな要請をしたところ，対象者の50％が承諾した。一方，

いきなり直接に本来の目的である小要請をした対象者では、その承諾率は17％であった。

その後に行われた実験結果も踏まえて整理すると、この方法による効果に影響を及ぼしている要因には次のようなものがある（川名, 1989）。

①大要請と小要請の内容は、類似のものでなければならない。異質な小要請が行われても、譲歩とはみなされないため、承諾率は上がらない。

②大要請者と小要請者は、同一人物でなくてはならない。

③小要請は、大要請が拒絶された直後になされなければ承諾率は上がらない。

このように、譲歩的要請法は、先の段階的要請法に比べてかなり制限があり、応用範囲は狭くなっている。チャルディーニらは、譲歩的要請が成功する説明として、「**譲歩の返報性（互恵性）**」を提唱している。社会には、譲歩する相手にはこちらも譲歩する、という譲歩のお返し（お互い様意識）の社会規範があるというのである。

3 特典除去要請法

この技法では、最初に魅力的な（コストが少ないなど）条件をつけたうえである選択をしてもらい、その後何らかの理由をつけて、その魅力的な条件を取り除いたり、コストを増したりした不利な条件でもう一度選択させると、もはや魅力的ではないにもかかわらず、受け手は最初の決定を覆さないで、そのまま不利な選択を受け入れるという。比較的高価な商品（新車など）を扱うセールスマンがよく用いる手で、例えばパソコン・ショップで、ソフトやオプション製品などを付けるといっていったん買うことを決断させた後、「実は私（店員）の勘違いで、プリンタはサービスに入っていませんでした。済みません」などとさも申し訳なさそうに言って、特典を取り消すやり方である。一度買うと表明した以上、取りやめることはなかなか難しいという客の心理を利用したものである。

この技法は、相手の手の届く（低コスト、魅力的条件）ボールを投げて相手に取らせ（承諾）、後で高いボールを投げる（高コスト、魅力のない条件で承諾を維持させる）ことにたとえて、**ローボール（low ball）テクニック**と、アメリカのセールスマンの間で呼ばれているものである。**特典除去要請法**とか、

承諾先取り要請法ともいわれる。

　この要請法がセールス場面以外でも効果があることを実験的に示した研究としてチャルディーニら（Cialdini et al., 1978）のものがある。学生寮で「ユナイテッド・ウェイ（全米共同募金連合）の職員だが，階下の受付までユナイテッド・ウェイのポスターを取りに行って，それを部屋のドアと窓に1週間貼ってほしい」という要請をする際，特典除去要請条件群には，まずポスターを貼ることに同意させた後で，実はあなたの前に依頼した人でちょうど手持ちのポスターがなくなってしまったので，階下の受付までそれを取りに行ってもらわなければならないことを告げた。その結果，この特典除去要請法の群では60％の学生が承諾したが，ポスターを貼るかどうかを決定する前に，それを取りに階下の受付まで行かなければならないことを告げられた直接要請条件群では，20％の承諾率であった。

　この効果が生ずる理由の説明としては，**義務感説**つまり，いったん要請を承諾したという事実が相手への義務感を生み決定を破棄しにくくなるという説と，**コミットメント説**つまり，リスクを伴うような行動の決定を，他者からの強制ではなく自分から進んで行ったと知覚されるような行為（これをコミットメントという）をした場合，それを変えることへの抵抗力として働くというものである。

4　特典付加要請法

　この技法は，特典除去要請法とは逆のやり方で，最初に特典や好条件の伴わない要請をして，相手が決めかねている間に，特典や好条件をつけた要請を行い，承諾率を高めるものである。この**特典付加要請法**は，付属品や景品を付けるやり方と，値引きするやり方があり，**ザッツ・ノット・オール・テクニック**と呼ばれている。「それだけじゃないよ（"That's not all"）」というわけで，テレビのテレフォン・ショッピングに見られるように，主たる販売商品に何点もの景品を付けたり，閉店間近のスーパーの生鮮食品売場で，店員が割引き札を付けたりしているのがこの例である。

　バーガー（Burger）は，この要請技法の効果を確かめる実験を行っている（今井，1996）。大学の学園祭の出店で，カップケーキを買いに来た人を被験者

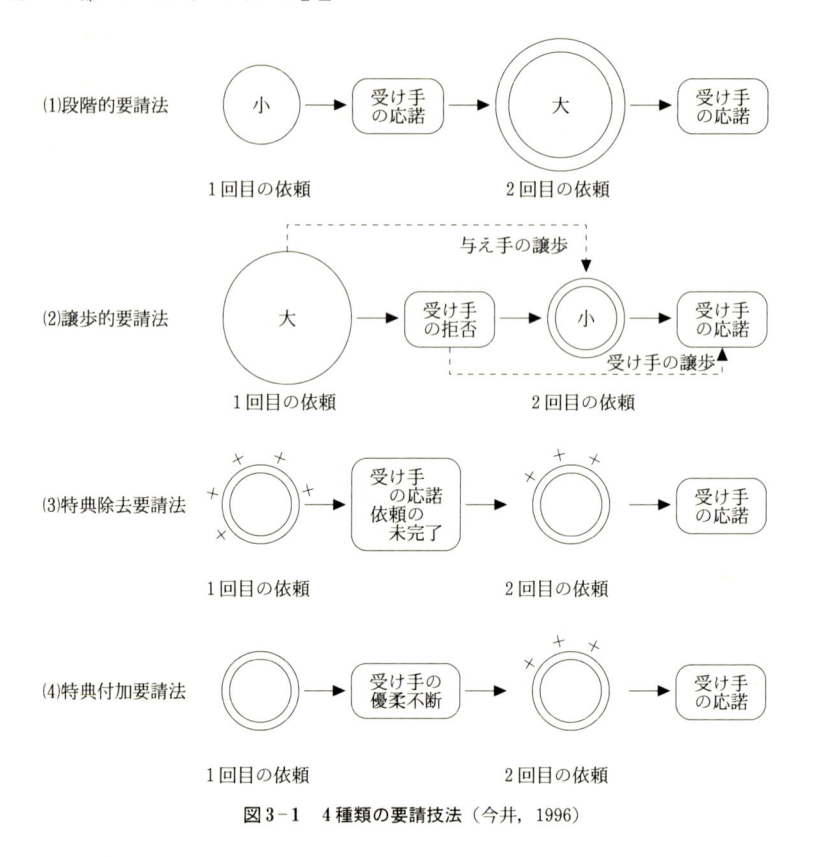

(1) 段階的要請法: 小 → 受け手の応諾 → 大 → 受け手の応諾
1回目の依頼 / 2回目の依頼

(2) 譲歩的要請法: 大 → 受け手の拒否 → 小 → 受け手の応諾
与え手の譲歩 / 受け手の譲歩
1回目の依頼 / 2回目の依頼

(3) 特典除去要請法: ○(+付) → 受け手の応諾 依頼の未完了 → ○(x付) → 受け手の応諾
1回目の依頼 / 2回目の依頼

(4) 特典付加要請法: ○ → 受け手の優柔不断 → ○(+付) → 受け手の応諾
1回目の依頼 / 2回目の依頼

図3-1　4種類の要請技法（今井，1996）

に，特典付加と値引きの両方の効果が確かめられた。第1実験は特典付加で，景品（2枚のクッキー）の効果が調べられ，実験群ではカップケーキ（75セント）を買うかどうか決めかねている間に，売り子の背後にいた仲間（実はサクラ）が売り子に，おまけしてやれよというジェスチャーをして，売り子が「サービスで2枚クッキーを付けますよ」というもの，統制群では被験者が値段を尋ねたらすぐにクッキーも見せ，セットで75セントであると答えるもので，その後被験者がカップケーキを買うかどうかが調べられた。結果は，実験群の73％，統制群の40％がケーキを買い，特典付加の効果が確かめられた。第2実験は値引きで，実験群では，値段を聞いてきたら最初に1ドルであると答え，同じようにサクラとのやりとりの後「もうすぐ店じまいだから，75セ

ントで結構です」というもの，一方統制群では，最初から75セントであると答えるもので，その後被験者がケーキを買うかどうかが調べられた。結果は，実験群では73％が，統制群では44％がケーキを買い，これも値引きの効果が確かめられた。

特典付加要請法の効果の説明理由には2つが考えられており，1つは，譲歩的要請法と同様に返報性（互恵性）説で，店員のサービスに対して，客の方も返報する意味で商品を買うようになるというものである。2つ目は**コスト認知変化説**で，品物の値段に対する基準が変化することで，最初の要請はコストが大きいと認知していたものが，特典や値引きによって「得をした」という感覚が生じ，承諾を引き出すと解釈される。

この4つの要請技法の要点を簡潔に示したものが，今井（1996）の図である。

3　承諾を導く6つの原理

社会心理学者のチャルディーニ（1991）は，自分が何者であるか，どういう意図をもっているのかを隠して，約3年間，さまざまな承諾誘導のプロの世界に潜入して，彼ら実践家がよく使う効果的なテクニックや方略を内側から観察する，いわゆる**参加観察法**を用いて，承諾を導く6つの基本原理（影響力の武器）を見出した。チャルディーニによれば，それらはいずれも人間行動を導く基本的な心理学の原理に支配されており，このことが，用いられる戦術にパワーを吹き込んでいるのだという。以下に簡潔に紹介しよう。

①返報性：社会学者や人類学者によると，人間文化の規範の中で最も広範かつ基本的なものに返報性のルールがある。これは，行為の受け手が将来それに対してお返しをすることを義務づけるので，人は自分が何かを他者に与えてもそれが決して失われるわけではないことを確信できる。他者の要請を受け入れるか否かの決定は，返報性のルールによって影響を受ける。

②コミットメントと一貫性：人には，自分の言葉，信念，感情，行為を一貫したものに保ちたい，また他者にそう見られたいという欲求がある。承諾誘導の世界では，利益のために一貫性圧力を用いる際の鍵となるのは最初のコミッ

トメント（定義はp.55）である。ひとたびある立場にコミットメントすると，人はそれに合致した要請に同意しやすくなる。つまり，一貫性の原理が働いて，矛盾を避けるように動機づけられるからである。

③社会的証明：人がある状況で何を信じるべきか，どのように振る舞うべきか，確信がもてなかったり状況が曖昧なとき，類似の他者の模倣をすることで自分の態度や行動の「正しさ」を評価する傾向がある。この模倣の効果は，子どもでも大人でも見られ，購買における意思決定，寄付行為，恐怖心の低減など，多様な行動領域で認められる。

④好意：人は，自分が好意を感じている相手に対してイエスという傾向がある。好意に影響する要因には，身体的魅力（美しさなど），類似性（自分と似た人に好意を感じる），賞賛（お世辞など），親密性（人や事物と接触を繰り返すこと），連合（CMでは，タレントと商品を連合させ，タレントの好イメージを利用して商品イメージをアップさせることで売り込む）がある。

⑤権威：正当な権威をもつ人（その道での第1人者と認められている人）は優れた知識と力をもっているのが普通なので，そうした人の命令に従うことは適応的な行為であることが多い。ただ，その実態ではなく権威の単なるシンボルに反応してしまう傾向もあり，肩書きや服装などで権威のイメージ強化をし，要請への承諾を容易にすることがある。

⑥希少性：人は，機会を失いかけると，その機会をより価値のあるものとみなす。この原理を利益のために利用する技術として「数量限定（先着○名様限り）」や「最終期限（本日限り）」といった承諾誘導の戦術が挙げられる。この原理が効果をあげる理由は，手に入りにくくなるという購入の自由への制限に対して，われわれは以前よりもいっそう自由（および自由に関連する品やサービス）を欲するというかたちで，自由の喪失に対して反発するようになり，結果的に競って購入するようになるというものである。

これは，ブレーム（Brehm, J. W.）によって提唱された**心理的リアクタンス（反発）理論**（theory of psychological reactance）といわれもので，説得して人の意見をある方向へ誘導しようとするときに往々にして反発現象が生じるが，そのメカニズムを説明する有力な理論である（深田，1995）。

では，希少性の原理は，心理的リアクタンス理論でどのように説明できるの

表3-1 心理的リアクタンス尺度（今城, 1993）

以下に21の質問がありますが，それぞれの問に対して，自分に最も当てはまると思うところに○印をつけて下さい。

		たしかにそう思う	そう思う	どちらともいえない	そうは思はない	全くそうは思はない
1	自分がどう行動するかを人に決められるのは，いやだ	5	4	3	2	1
2	「人から指図をされた」と感じることが多い	5	4	3	2	1
3	私がどうするべきかを人から指図されると「それを決めるのは私だ」と思う	5	4	3	2	1
4	人から「やれ」と言われたことは，あえてやらない	5	4	3	2	1
5	私が心から納得できるのは，自分の自由意思でやったことだけだ	5	4	3	2	1
6	人から助言されると，押しつけがましいと思う	5	4	3	2	1
7	「これをやれ」と強制されると，「やりたくない」と思う	5	4	3	2	1
8	人から「するな」と言われたことを，あえて実行する	5	4	3	2	1
9	人に頼らず，自分で自由に意思決定することは，私にとって非常に重要だ	5	4	3	2	1
10	「あの人を見習え」と言われると，腹が立つ	5	4	3	2	1
11	厳しい規則には抵抗を感じる	5	4	3	2	1
12	助言や忠告をされると，逆らって反対のことをする	5	4	3	2	1
13	自分がどう行動したらよいかは，自分で判断できる	5	4	3	2	1
14	人から言われたことには，反対したくなる	5	4	3	2	1
15	私の自由な意思決定を押さえつけようとする人がいたら，腹が立つ	5	4	3	2	1
16	自分がどう行動するかについては，人から何を言われても従わない	5	4	3	2	1
17	自分がどう行動するかの意思決定は，個人の自由だと確信している	5	4	3	2	1
18	「これをやれ」「あれはするな」と指図されると，反発を感じる	5	4	3	2	1
19	周囲の人が私に期待する行動は，それだけでもうやる気がしなくなる	5	4	3	2	1
20	何か禁止されると，かえってそれをやりたくなる	5	4	3	2	1
21	自分でも分かっていることを人から注意されると，腹が立つ	5	4	3	2	1

（注） 4つの下位尺度ごとに得点を算出すること。
- 自由の強度と重要性尺度：1, 5, 9, 13, 17（自由というものを尊重し重視する考えの強さ）
- 自由の脅威に関する感受性尺度：2, 6, 10, 14（自由を脅かされることへの敏感さ）
- リアクタンス喚起尺度：3, 7, 11, 15, 18, 20, 21（自由の制約に対する主観的反応の強さ）
- リアクタンス表出尺度：4, 8, 12, 16, 19（自由回復行動を実行する程度）

であろうか。リアクタンス理論によれば，受け手が自由に自分の考えをもつことができると感じているときに，与え手から特定の考えをもつように言われると，それ以外の考えをもつことの自由が脅かされたように感じ，制限されている自分の自由を取り戻そうとする心理的リアクタンスが生じる。このとき，与え手の言うことと違うことをすることで行動の自由があることが確認できるので，説得されたとおりにはならないように，考えを変えようとしなかったり，逆に，説得とは反対の方向に考えを変えたりする（これを**ブーメラン効果**という）ことが生じてくる。時間的，数量的に販売を制限されることは，消費者の自由を奪うことになる。消費者は「早く買わなければ商品がなくなってしまう」，つまりもたもたしていたのではその商品を買うことができる自由が奪われてしまうことになる。その自由を回復する簡単な方法は，自分がその商品を買うことであり，こうして思わず商品を買ってしまうのである。

　表3-1は，今城（1993）によって構成された「心理的リアクタンス尺度」である。自由の強度と重要性，自由への脅威に関する感受性，主観的反応の強さ（リアクタンス喚起），自由回復行動を実行する程度（リアクタンス表出），の4つの下位尺度からなっている。こうして，行動の自由を重要視する人は利用できる選択肢を失うことを嫌う結果，希少性原理を受け入れやすくなるといえよう。

表3-2　心理的リアクタンス尺度の項目および下位尺度の平均値

	1	2	3	4	5	6	7	8	9	10	11	12	13	14	15
男	4.04	3.10	3.71	2.64	2.98	2.57	3.32	2.72	3.94	3.02	3.59	2.55	3.44	2.65	3.54
女	3.88	2.69	3.46	2.45	2.60	2.32	3.03	2.49	3.81	3.25	3.54	2.35	3.06	2.44	3.52

	16	17	18	19	20	21	強度	感受性	喚起	表出
男	2.44	3.58	3.41	2.54	2.93	3.98	17.97	11.34	24.47	12.88
女	2.39	3.38	3.16	2.49	2.64	3.93	16.72	10.71	23.29	12.13

対象者：大学新入生　男子＝128名　女子＝228名（1999年4・5月A.S大学とA.G大学で実施した結果）

> **キーワード**：段階的要請法　譲歩的要請法　特典除去要請法　特典付加要請法　心理的リアクタンス理論

課　題

①「心理的リアクタンス尺度」を各自実施し，表3-2の結果を参考にしながらレポートしなさい。

②キーワードのすべてを用いて，800字程度にこの章を要約しなさい。

もっと学びたい人のために

チャルディーニ・R. B.（社会行動研究会訳）　1991　「影響力の武器」誠信書房：なぜ人は動かされるのか，を身近な例でわかりやすく，しかも体系的に説明した好著。

今井芳昭　1996　「影響力を解剖する」福村出版：最新の研究動向が概観でき，基礎的な知識がわかりやすく説明された，影響力に関する唯一の単独の和書。

榊　博文　1989　「説得を科学する」同文館：要請と承諾も含めた説得の視点から，豊富な実験事例をあげてわかりやすく論じた著作。

4章
言葉によらない コミュニケーション： 非言語コミュニケーション
(ノンバーバル)

この章のねらい

コミュニケーションにおいて，言葉以外に人が利用している手がかりにはさまざまなものがある。これらを用いたコミュニケーションを総称して，非言語コミュニケーションと呼んでいる。この章では，数ある手がかりの中から主に"目"（視線）を例として取りあげ，視線が対人コミュニケーションの中で果たす機能や特徴を紹介することで，非言語コミュニケーションの問題に迫ってみよう。

1 にらめっこ遊び

　日本民俗学の父，柳田國男はその著「明治大正史　世相篇」で，にらめっこという遊びの起源を，日本人の「はにかみ」から説きおこしている。わが国の民衆は，かつては総じてはにかみやが多く，「今まで友人ばかりの気の置けない生活をしていた者が，初めて逢った人と目を見合わすということは，実際は勇気の要ることであった。知りたいという念慮は双方にあっても，必ずどちらかの気の弱いほうが伏し目になって，見られる人になってしまうのである。通例群の力は一人よりも強く，仲間が多ければ平気で人を見るし，それをまたじろじろと見返すことのできるような，気の強い者も折々はいた。この勇気は意思の力，または練習をもって養うことができたので，古人は目勝と称してこれを競技の一つにしていた。すなわち，今日の睨めっくらの起こりである（講談社学術文庫, p.188)」。

　柳田によれば，にらめっこはもともとは大人の競技で，閉鎖的な地域社会を形成していた集団が，よそ者と接触したときに位負けをしないようにという目的から，訓練のために相手の目を見つめ合う競技として行われたものが，子どもの遊びとなったものだというのである。そういえば，**視線恐怖**または正視恐怖と呼ばれる臨床類型は日本以外に記載がないといわれ（笠原, 1972），また，この視線恐怖は対人恐怖の中の1つの症状であるが，対人恐怖症は多くの神経症の中でもわが国にとくに発生頻度が高く，木村（1972）によれば，この「対人恐怖」という名称自体が日本人の手になる数少ない独創の1つであって，これに相当する西洋語は元来存在しないといわれる。そうだとすれば，かつてのわが国の人々は，「にらめっこ」という遊びまで発明して，子どものときから視線の強化に努めなければならなかったのである。今日，子どもたちの遊びに「にらめっこ」が見られなくなったということは，はにかみやが影をひそめ，また地下鉄などの車中で他人の視線を気にもとめずに化粧をしたり，抱き合ってキスをしたり，視線平気症候群などと揶揄されている若者たちには，視線恐怖症も減少したということであろうか。

　ところで，洋の東西を問わず，"目"にまつわることわざや慣用句は数多い。

わが国にも「目を丸くする」「目を三角にする」「目で笑う」「目をむく」「目がすわる」「目がおよぐ」「白い目で見る」「目を白黒させる」「目を皿のようにして見る」「流し目をくれる」「目くばせする」「色目をつかう」「目くじらをたてる」「ガンをつける」などなど，さまざまな"目"があり，いろいろな情報を伝えるものとして，日常生活の中で大きな意味をもっていることがわかる。幼い頃「ウソをついてもダメだ。おまえの目を見れば分かる」と大人に言われた経験をもっている人もいるだろう。このように「目は口ほどにものを言う」くらい，言葉（言語）に優るとも劣らない働きをコミュニケーションの過程でしているということである。非言語コミュニケーションの問題を考えるにあたって，まずは目（視線）に注目して研究を紹介しよう。

2 視線の研究

1 視線の機能

自分と相手の視線が出会うことを**アイ・コンタクト**（eye contact: 視線交差）というが，日常の会話場面を想い起こせば分かるように，アイ・コンタクトの伴わない会話がいかに不自然であるかは明らかである。アーガイルとディーン（Argyle & Dean, 1965）によれば，アイ・コンタクトには次のような機能があるという。

①認知機能：視線ひとつで，相手を受け入れることも，閉め出すこともできる。相手を興味・関心のある対象として認めあったり，人間関係を確認しあったりする働き。

②情報探索機能：相手が自分の考えをどう受け止めているか，またどのような感情をもっているかを探るために，相手の目を見て情報を獲得する働き。

③感情表出機能：目にまつわる慣用句を上で見たが，われわれは目を通して，自分の内的状態を相手に表現し，伝達することができる。

④調節機能：発言を邪魔されたくないときには相手の視線を外すとか，交代を促すべくじっと見つめるなど，会話の交代や流れが円滑に進むように，会話を調節する働き。

深田（1998）によれば，会話中のアイ・コンタクトを測定した研究によると，会話中の2人が相互に顔を凝視する時間は，会話時間全体の30～60％であり，相互に目を見つめるアイ・コンタクトは，そのうちの10～30％であるという。また，相手を凝視する回数も時間も，自分が話をしているときよりも，相手の話を聞いているときのほうが多いという。

福原（1990）は，アイ・コンタクトによって，お互いの感情が高められ，したがって2人のおかれている関係が強められるであろうとの仮説のもとに実験を行った。

互いに見知らぬ者が対面し，一方（サクラ）が，相手（被験者）の印象について良く言う場面と悪く言う場面を作り，そのとき相手を多く見つめるかほとんど見ないかで，合計4条件を設定した。その結果，被験者は，良い印象を言われたときには，悪い印象を言われたときよりもその相手を高く評価したのはもちろんだが，しかし，見つめられているか否かによって評価は違っていた。図4-1に示されるように，①良い印象を言われたときには，見つめられないよりも多く見つめられていたときの方が，相手をより好きだと評価した。しかし，②悪い印象を言われたときには，多く見つめられていたときの方がより嫌

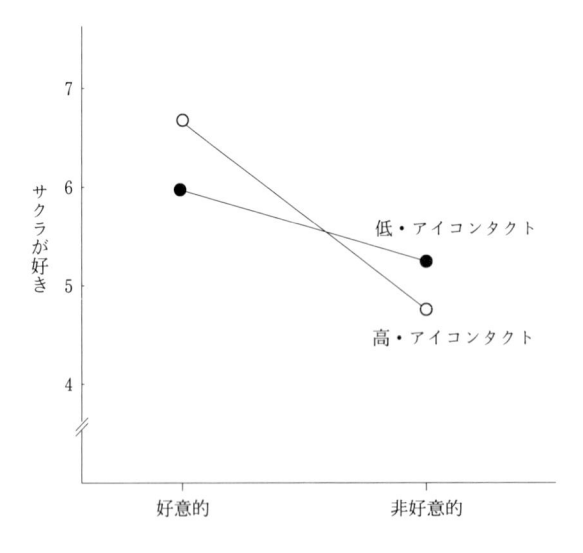

図4-1　サクラの被験者に対する印象の評価（福原，1990）

いだと評価された。このような結果は，「好きな人」の場合だけでなく，「魅力的な人」「誠実な人」「興味がもてる人」の評価でも全く同じであった。つまり，2人の間に良い関係が生じているときには，アイ・コンタクトをとることでますます良くなり，逆に悪い関係が生じているときには，多く見つめ合うことによってますます悪くなったのである。このように，アイ・コンタクトには，2人の間に生じている当面の関係を強める働きがある。

2 視線行動研究からの諸知見

視線行動を実験として数量的に扱ったのは1963年のエクスライン（Exline）が最初で，彼は対面事態での被験者間の凝視を数量化し，これを記述することを試みた。これを契機に研究が盛んに行われるようになったが，これまでの主な知見を列挙してみよう。

①視線の交差機能の1つにコミュニケーションの調整（維持・統制）がある。(イ)視線の交差はコミュニケーションの始まりの合図の役目をする，(ロ)開始後は会話の調整の役目をし，話を聞いているときは相手を見つめているが，自分が話し始めると相手から目をそらす，(ハ)視線を向けているときの発言は早く，流暢である。

②視線の交差は，対人関係の性質と密接な関わりをもっている。(イ)相手に好意を抱いていれば，相手を見つめる時間は長くなる，(ロ)地位の低い人は，高い人より相手を多く見つめる傾向があり，会話の場面で地位の高い人は，聞いているときより話しているときに相手を多く見つめる傾向がある，(ハ)視線の多さは友好的，自信に満ちた，自然な，成熟した，誠実な，と評価され，視線の少なさは冷たい，悲観的，慎重な，防衛的，未成熟な，従順な，と評価される傾向がある。

③視線チャネルが使えない場面は，一般に不快で，うまくコミュニケーションできないと評価される。とくに，顔面を見ることのできない場面は，最も不快と捉えられている。

④一般に，女性は相手に多く視線を向け，相手からもよく見られる。(イ)女性同士の関係が最も多く視線が交わされる，(ロ)男女間の場合には，女性の視線活動は抑制的となり，相対的に男性の視線活動が有意となるが（欧米のデー

タ），日本では女性の視線活動は同性同士の場合と同レベルを示すが，男性の視線活動は抑制され女性が男性を上回る結果を示している。（ハ）女性は多く見る男性を好意的に評価する傾向があるのに対し，男性は多く見つめる女性をあまり好意的に評価しないという報告もある。

⑤日本人は相手を直視することが少ないが，視線恐怖症が多いことと合わせると，日本人は他者からの評価に敏感で，自己表出が得意ではなく，したがって視線情報を一定量に抑えようとする傾向があるのではないかと解釈される（大坊，1998）。

3 親和葛藤理論

アーガイルらは，対人関係間の視線行動を説明する**親和葛藤理論**（affiliative conflict theory）を提唱しているが，その内容は次のようなものである。

二者間のアイ・コンタクトが生起する過程には，相手との人間関係を促進・確立したいという親和欲求に基づく接近の力と，自分の内的状態を露呈することの不安や相手からの拒絶を知ることの恐ろしさに基づく回避の力との葛藤があり，これら2つの力関係には一定の均衡レベルが存在し，アイ・コンタクトはこの均衡点に向かって生起するというものである。両者の接近力が優勢な場合には均衡点は高レベルとなり，二者間のアイ・コンタクトは多くなる。反対に，回避力が優勢な場合には均衡点が低レベルとなり，二者間のアイ・コンタクトは少なくなる。これが親和葛藤理論である（福原，1995）。

こうして，接近と回避の2つの力関係に一定の均衡点が存在するときには，その均衡点に対応したアイ・コンタクトが生起すると期待されるが，いまAが接近力を強くもっているのにBがそれほどでもない場合は，Aに不安が喚起されるので，この不安を減少するためにAはアイ・コンタクトの量を減らすことで均衡点を低めようとする。しかし，余りに低レベルの均衡点では両者に不満が生じるので，この不満を解消するために，Aは接近力を低め，Bは回避力を低めることで新たな均衡点を見つけだすメカニズムが働く。

ただ，現実場面では，視線だけで親和の均衡点が構成されることは少なく，視線での均衡回復が難しければ，他のチャネル，例えば二者間の距離や，会話の量や内容，声の質，微笑の量などの変化が起こる。例えば，話題の親密さが

一定で，対人距離が遠くなると，視線交差が増える。つまり，もしある行動が変化し，その行動次元での均衡回復が困難なために親密さの均衡が失われた場合には，他の行動次元において補完的変化が生じ，こうして再びトータルとしての親密さの均衡関係が設定されることが知られている。アーガイルらは，これを**親密感均衡仮説**（intimacy equilibrium model: **親密感平衡モデル**とも訳されている）と名付けている（福原，1995）。

4　研究の展開

　これまで，"目"の話題を，視線についてだけ紹介してきた。目には，このほかに瞳孔の問題や，目を含めた顔の表情の問題も，非言語コミュニケーションでは話題として取りあげられている。ここでは瞳孔についてのみ簡単に紹介しておこう。

　猫の目が典型例であるが，瞳孔の大きさは光の量によって変化する。明るいところでは縮小し，暗いところでは拡大する。このように瞳孔は光量によって生理的に変化するが，直接に意志的統制によっては変化させることはできない。ところが，関心や興味を惹くものを見ているときに瞳孔が拡大することが知られている。例えば，男性では，女性の顔写真やヌード写真を見せたとき，瞳孔は直径で30％，面積で70％も拡大するという報告があるし（深田，1998），女性では，赤ん坊を抱いた母親の写真に反応したという報告もある。

　ヘス（Hess）は，瞳孔が収縮している女性の顔写真と，同じ写真を修整して瞳孔だけ拡大させた2枚セットの写真を，数名の女性について作り，男性の被験者にどちらが魅力的かを求めたところ，すべて瞳孔の開いた写真に好意を示し（柔和，女性的，かわいい），一方瞳孔の収縮した写真には，固い，利己的，冷たいと判断されたと報告している。しかも，なぜその写真が魅力的に見えるかその理由を問われても，実験者が瞳孔の大きさの違いを指摘するまで，それに気づいた被験者はいなかったという（ブル，1986）。瞳孔の大きい人は魅力的に見えるのである（ただし，日本人は一般に瞳孔を取りまいている虹彩の色が黒に近く，瞳孔と区別がつきにくいため，あまり顕著な傾向は見られない）。

　古代エジプトのツタンカーメン王の時代から，女性は自分の目から送り出す

BOX 4　非言語コミュニケーションの研究領域

　非言語コミュニケーションは，非言語音声メッセージと非言語非音声メッセージに区分され，両者は次のような主たる研究領域を網羅している。

$$
\text{非言語コミュニケーション (nonverbal communication)} \begin{cases} \text{非言語音声メッセージ (nonverbal vocal message)} & \text{1. 音調学（vocalics）} \\ \text{非言語非音声メッセージ (nonverbal nonvocal message)} & \begin{cases} \text{2. 近接学（proxemics）} \\ \text{3. 接触学（haptics）} \\ \text{4. 動作学（kinesics）} \\ \text{5. 視線接触学（oculesics）} \\ \text{6. 対物学（objectics）} \\ \text{7. 時間学（chronemics）} \end{cases} \end{cases}
$$

1. 音調学（vocalics）：対人コミュニケーションに伴う多様な音声的特質は，メッセージの「受け手」の言語メッセージの意味の解釈と理解に影響を及ぼす。音質，音量，速度，ピッチ，イントネーション，アクセント，間（ま），発音，言い淀み，笑いかたなどから，発話者の性格，情緒，意図，態度，教育，出身地など，また，対面状況ではない場合（電話など）には，年齢，性別，容姿，人種などの憶測や判定を，われわれは意識的，無意識的に行っている。パラ（準・周辺）言語ともいわれる。
2. 近接学（proxemics）：近接空間学とも呼ばれ，文化人類学者の E. T. ホールの造語とされている。空間の利用のあり方は文化を反映しており，コミュニケーションにおける対人間の距離のみならず，都市設計や室内のスペースの配分なども網羅する概念である。ホールは対人距離を(1)密接距離，(2)個体距離，(3)社会距離，(4)公衆距離の4つに区分し，さらにそのそれぞれを近接相と遠方相に2分しているが，文化によっても対人距離には相違があることが知られている。
3. 接触学（haptics）：身体接触は最も基本的な非言語コミュニケーションの形

メッセージに注意を惹きつけるためのさまざまな化粧を目に施してきた。今日，着色コンタクトレンズで瞳の色を変える人や，瞳孔を大きく見せる人までいるというファッション雑誌の記事も，非言語コミュニケーション研究の結果を巧まずして証明しているともいえよう。

態である。幼児と母親との接触はその典型的な事例である。あいさつの仕方など，人は自らの社会において，成人に至る過程で年齢，性別，状況，他者との関係や地位などを踏まえた社会的に許容された接触のあり方を身につける。接触の頻度や強さ，持続時間，接触部分など，身体的接触は文化によっても多様である。
4. 動作学（kinesics）：対人コミュニケーションにおける身体の動きについての体系的な操作の仕方に関する研究で，意志や感情の伝達に際しての頭，目，顔，首，肩，腕，手首，手や胴，臀部，関節，脚，足首，足などの身体の各部の動き，向きや姿勢，ジェスチャーが考察の対象となる。
5. 視線接触学（oculesics）：対人コミュニケーションにおける対話者間の目の触れ合いの役割や影響に関わる領域である。また，瞳孔が情動との関わりでどのように拡大，収縮するかなどの反応を扱う領域でもある。この章の本文中でも取りあげているように，視線にはさまざまな情報が含まれており，文化によっても異なることが知られている。
6. 対物学（objectics）：人の体型，顔，化粧，髪，髭，眼鏡，カツラ，香水など容姿，また身につけている小物，アクセサリー，人を取りまく客体物（サイズ，色彩，材質，形象）などはメッセージを伝える（車を例にとれば，色，サイズ，型，コーティングガラス，ステッカー，クラクション，車内装飾品など）。これらが対人関係の中でどのような役割を果たしているかが研究課題である。
7. 時間学（chronemics）：社会生活における時間への一般的な対応のあり方に関する研究領域であり，それは社会成員としての個人と，個人の属する社会の文化的側面を表示する。朝，昼，夜，曜日，1週間の日数，季節の変化などは公式時間であり，列車やバスの時刻表，ラジオやテレビの番組表などは技術的時間であり，日常生活での対人関係を律している時間として非公式時間がある。時間の概念は文化により規定され，文化により，人は時間に対する認識を修得する。

（出典）　橋本満弘　1993　非言語コミュニケーションの概念と特徴．橋本満弘・石井　敏編著「コミュニケーション論入門」（コミュニケーション基本図書第1巻）168-193．桐原書店

3　非言語コミュニケーションのもつ重要性

　この章では，非言語コミュニケーションの問題を，"目"に代表させるかたちで扱ってきた。非言語コミュニケーションに属する研究領域は極めて広く（BOX：4参照），他のものについては，章末の文献紹介で挙げる書籍によって学習してもらいたい。

ところで，非言語コミュニケーションが対人コミュニケーション全体の中で果たしている影響の大きさを，**メーラビアンの公式**で示してみよう（橋本，1993）。

$$A_{Total} = 0.07 A_{Content} + 0.38 A_{Tone} + 0.55 A_{Face}$$

ここで，A_{Total} はメッセージの効力を，$A_{Content}$ はメッセージの言語的意味内容を，A_{Tone} はそのときの音声上の調子を，そして A_{Face} はその発話時の顔の表情を表し，それぞれ -3 から $+3$ の範囲で評定するものとする。その際，それぞれの数値は各要素に対するウエイトであり，すべて加算すると 1.0 になる。つまり，あるメッセージがもつ効力が何によって規定されるかを3つの要素で表されるとしたとき，93％は非言語メッセージ（55％が顔の表情や身体動作，38％が音声的様態）により，そしてわずか7％が言語メッセージによって解釈・理解がなされるというのである。いま仮に，メッセージの言語上の意味内容が -2.5，そのときの音声上の調子を -2.5，そしてその発話時の顔の表情に対して $+2.5$ と評定したとすれば，

$$A_{Total} = (0.07)(-2.5) + (0.38)(-2.5) + (0.55)(+2.5) = 0.25$$

となり，全体のメッセージの効力は $+0.25$ であり，この場合わずかながらポジティブの評価を下すことができるというものである。ともあれ，コミュニケーションにおける非言語の役割の大きいことをこの公式は示しているとともに，われわれの実感にも合致するものである。

例えば，「これはおいしい料理だ」と発話するとき，そこにはその文字どおりの意味（**音声言語メッセージ**），またその言葉を発話するときの音声の調子（**非言語音声メッセージ**）がもたらす意味（時としてそれは皮肉的，外交辞令的に解釈・理解される），さらにはその言葉を発話するときの話しぶり（**非言語非音声メッセージ**）が存在している。われわれは"口"で語り，"身体"で語っているのであり，"耳"で聴き，"目"でも理解しているのである。

したがって，これを別の角度から見れば，われわれは非言語コミュニケーションに対して敏感になる必要があるということにもなる。つまり，われわれは効果的にかつ適切に他者と相互作用する**コンピテンス**（competence: **有能性**ともいう）を向上させることが求められており，対人的に有能な者ほど社会的適応にすぐれることがこれまでの研究で示されている。そして，この**対人的有能性**

には非言語的行動に関するスキル（技能）が大きく影響するといわれている（和田，1992）。表4-1は，和田（1992）によって開発された**ノンバーバル・スキル尺度**である。各自試みてみるとよいであろう。

さて，これまで，非言語コミュニケーションとは何かについて，とくに定義することなく用いてきたが，ここで改めて定義しておこう。**非言語コミュニケーション**（nonverbal communication）とは「言語的要素を除いた音声的特徴，

表4-1　ノンバーバル・スキル尺度（和田，1992）

以下に10の質問がありますが，それぞれの問に対して，自分に最も当てはまると思うところに○印をつけて下さい。

	あてはまる	ややあてはまる	どちらともいえない	ややあてはまらない	あてはまらない
1　私ほど敏感に，人の何気ない行動の意味を理解できる人は誰もいない	5	4	3	2	1
2＊たとえ隠そうとしても，私の本当の感情（気持）はいつも人に読まれてしまう	5	4	3	2	1
3　私が悲しんでいるのか，喜んでいるのかは，私の表情から誰でも容易に分かる	5	4	3	2	1
4　他人同士の会話のやりとりをみて，その人たちの性格をいつも間違えることなく話すことができる	5	4	3	2	1
5＊私は，うそをつくとき，必ず表情や体の動きがぎこちなくなってしまう	5	4	3	2	1
6＊私は，自分の感情（気持）を，表情やしぐさにそのまま素直に表すことができない	5	4	3	2	1
7　誰でも私に本当の気持ちを隠すことは，ほとんど不可能である（私はいつも分かる）	5	4	3	2	1
8　やろうと思えば，私は幸せなふりも，悲しいふりも簡単にできる	5	4	3	2	1
9＊たいてい私は，あいまいな，どっちつかずの表情をしている	5	4	3	2	1
10　初めて会ったときでさえ，私はその人の性格特徴を正しく判断することができる	5	4	3	2	1

（注1）　＊印は逆転項目。得点化の際には，5は1，4は2，のように逆転して加算すること。
（注2）　・ノンバーバル感受性因子：1, 4, 7, 10（相手が何を伝えたいのか，またどのような感情状態にいるかを読みとる能力）
　　　　・ノンバーバル統制因子：2, 5, 8（自分の考えていることや感情状態を相手に読まれないよう，意識的に統制できる能力）
　　　　・ノンバーバル表出性因子：3, 6, 9（ノンバーバル行動によって自分の伝えたいことをうまく表せる能力）

表4-2 ノンバーバル・スキル尺度の項目および下位尺度の平均値

	1	2*	3	4	5*	6*	7	8	9*	10	感受性	統制	表出性
男	3.08	2.96	2.97	3.03	2.88	2.98	2.63	3.06	2.87	2.52	11.27	8.90	8.82
女	2.87	3.15	3.20	2.83	2.79	3.28	2.20	2.86	3.13	2.20	10.10	8.80	9.61

＊印の項目の値は逆転後のもの。尺度についても同様。
対象者：大学新入生　男子＝128名　女子＝228名（1999年4・5月にA.S大学とA.G大学で実施した結果）

身体各部の動作，身体的接触，物品，空間および時間などの非言語記号によるメッセージの相互交換である」（石井，1987）。そしてその特徴として次の4点をあげることができる（深田，1998）。

①言語との独立性：非言語コミュニケーションを含まない言語コミュニケーションは存在しないが，言語コミュニケーションを含まない非言語コミュニケーションは存在する。

②状況による意味の変化：非言語コミュニケーションで使用される非言語的行動は，それ自体が特定の意味を伝達することはまれであり，ほとんどの場合，伝達する意味は状況や文脈に依存している。例えば，相手を見つめる視線行動も，状況によって好意を表す場合もあれば（デート場面），敵意を表している場合もある（けんか場面）。

③抽象的・論理的情報伝達の困難さ：例えば，数学の円の面積を求める公式や，前章までに何度か出てきた「返報性の規範」を，非言語コミュニケーションを使って説明することはほとんど不可能に近い。

④感情伝達の有効性：上記③とは反対に，個人のもつ感情や対人態度の伝達には適している。とくに表情は，これらを的確に表現することができる。

4　言語コミュニケーションと非言語コミュニケーションの矛盾

芥川龍之介に「手巾（はんけち）」という小品がある。
ある夏の昼下がり，大学教授の自宅に学生の母親が訪ねてくる。先生の許によく出入りしていた学生で，この春腹膜炎にかかって大学病院へ入院したので，

先生も1，2度見舞いにいったことがある。先生は知らなかったのだが，その学生が亡くなって昨日が丁度初七日ということで，母親はお知らせと生前のお礼かたがた訪問したというのである。息子の病院での様子などを語るこの母親と対話しながら，先生は意外な事実に気がついた。「それは，この婦人の態度なり，挙措なりが，少しも自分の息子の死を，語っているらしくないということである。眼には涙もたまっていない。声も，平生の通りである。その上，口角には，微笑さへ浮かんでいる。これで，話を聞かずに，外貌だけ見ているとしたら，誰でも，この婦人は，日常茶飯事を語っているとしか，思わなかったのに相違ない。」先生にはこれが不思議であった。ところが，何かの拍子で，先生の団扇が手をすべって，それがテーブルの下の婦人の足下に落ちた。半身をのりだして，下を向いて床の方へ手をのばしたとき，先生の目には偶然婦人の膝が見えたのである。「膝の上には，手巾をもった手が，のっている。勿論これだけでは，発見でも何でもない。が，同時に，先生は，婦人の手が，はげしく，ふるえているのに気がついた。ふるえながら，それが感情の激動を強いて抑えようとするせいか，膝の上の手巾を，両手で裂かないばかりに緊く，握っているのに気がついた。そうして，最後に，皺くちゃになった絹の手巾が，しなやかな指の間で，さながら微風にでもふかれているように，繡のある縁を動かしているのに気がついた。──婦人は，顔でこそ笑っていたが実はさっきから，全身で泣いていたのである。」

作家の観察眼の鋭さを見事に示した作品である。

この例のように，意識的・言語的に伝達することと，無意識的・非言語的に同時に伝達されることの意味内容が異なる場合がある。これを**二重束縛的（ダブルバインド：doublebind）コミュニケーション**という。これの病理的な場合をベイトソン（Bateson）らが，分裂病患者とその母親のやりとりを分析して明らかにしている。例えば，入院中の息子を面会に来た母親に，息子が喜んで近づこうとしたとき，母親が急に身を引き，その一方で，それを見て離れようとした息子に対して「あなたはお母さんが嫌いになったの」と言ったとする。この場合，母親の言葉と行動のもつ意味は互いに背反し，そのような矛盾したメッセージの受け手である息子は，近づいても遠ざかっても母親に非難されることになる。このような状況を生じさせるコミュニケーションが二重束縛的コ

ミュニケーションで，これを繰り返し経験すると，人は他者との接触を避け，孤立し，心を閉ざすようになってしまう（児玉，1995）という。

　われわれは，言語行動と非言語行動とに一貫性があるかどうかを，真実か虚偽かを推論する基準として用いている。一貫していればその人は誠実で正直な人だと推論されるのに対して，一貫していなければ，その人は非誠実で虚偽的だと推論されるのである。実際に，真実を話すときより，ウソをつくときの方が言語行動と非言語行動により大きな非一貫性が示されることが見出されている（発話速度が速まる，発言時間が増える，ジェスチャーが多くなる，視線を避けるなど）。そして，非言語行動によって本当の気持ちが「漏れ出す」（**非言語的漏洩**）と考えられている。なお，本当の気持ちが漏れ出やすいのは，視線や表情といったコントロールしやすい非言語行動よりも，むしろ手足の微妙な動きに現れることが見出されており，芥川はまさにこれを文学者の目で捉えたのである。

キーワード：非言語コミュニケーション　アイ・コンタクト（視線交差）　親和葛藤理論　親密感均衡仮説　メーラビアンの公式　二重束縛的コミュニケーション

課　題

①「ノンバーバル・コミュニケーション尺度」を各自実施し，表4-2の結果を参考にしながらレポートしなさい。

②［BOX：4］に示されるような非言語コミュニケーションのうちの何かを意図的（あるいは組織的に）に行い，相手の反応を観察して，レポートしなさい。

③キーワードのすべてを用いて，800字程度にこの章を要約しなさい。

もっと学びたい人のために

モリス（藤田　統訳）　1980　「マン・ウォッチング（上・下）」小学館：多くの写真入りで，研究的な考察の仕方でなく書かれていて読みやすく，入門に最適の書。

ブル（高橋　超編訳）　1986　「しぐさの社会心理学」北大路書房：社会心理学の視点から紹介されており，研究の多さとまとめ方のよさで好著である。

ヴァーガス（石丸　正訳）　1987　「非言語コミュニケーション」新潮選書：異文化接触の場面を中心に，諸領域の問題がバランスよくまとめられている。

大坊郁夫　1998　「しぐさのコミュニケーション」サイエンス社：対人コミュニケーションの視点から，最新のデータで非言語メッセージを解説した唯一の和書。

II部
言語とコミュニケーション

5 章
言語と思考

―― この章のねらい ――

私たちはどうやって言語を身につけていくのだろうか？ そしてその言語がないと，ものを考えることはできないのだろうか？ だとすれば，言語が違えば考え方も違ってくるのだろうか？ この章では言語と思考との関係を考えてみよう。

1　人はどのように言語を習得するのか

　地球上には3千とも，6千ともいわれる種類の言語が存在する。そして今それを全部聞けたとしてみよう。確かなことは，自分の**母語**と，後で学んだ幾つかの言語以外は，何を言っているのかさっぱり分からないということだ。つまり，世界の言語の99％以上が全く理解できないのだ。ところがもう1つ確かなことは，そのさっぱり分からない言語が実際に使われている環境に生まれさえすれば，何の苦もなくそれをマスターしてしまえるということである。

　いったい私たちは，生まれてからどれくらいの間で言語を習得してしまうのだろうか。赤ちゃんは生後6ヶ月前後で「バ・バ」，「ダ・ダ」のように，繰り返しの多い，意味不明の音を出すようになる。そして1年ほど経った頃には具体的なものを指す言葉が言えるようになり，2歳くらいまでに，複数の言葉を組み合わせた文が言えるようになる。その後はどんどん文も長くなり，文法構造も複雑になって，5歳になる頃までには，考えていることを何とか表現できる能力を身につけてしまう。それでは，こんなに短い間に，どのようにして複雑な言語体系を身につけていくのだろうか。その現象を説明しようとして，次のような考え方が今までに生まれている。

1　模倣・強化説

　周りの人が言う言葉を，何度も何度も聞いているうちに言葉としてのイメージが形成され，やがてそれを真似して言うようになる，という考え方がある。ある言葉を何度も耳にしているうちに無意識に自分も口にするようになることは日常経験することなので，この説には説得力がある。そして，これは物まねをするオウムや九官鳥にも当てはまる。飼い主がよく口ずさむ歌を1曲全部同じように歌ってしまうオウムさえいる。しかし人間とオウムでは根本的に違うことがある。

　まず，人間の場合は，頭の中で何らかの規則を育てていくことである。英語圏の子どもでも，過去形を習得する過程で"goed"とか，複数形を習得する過程で"mouses"とかの間違いをすることがよくあるが，もちろん周りの大

人はこんなことは言わない。つまり，これは単なる模倣ではなく，子どもの頭の中に規則ができかかっていて，それを過剰に適用しているわけである。オウムや九官鳥には，いくら物まねがうまくても，できない芸当である。

次に，人間の場合は，今までに1度も聞いたことがない文でも理解できるし，作り出すこともできる。頭の中に，一定の規則に従って言語を分解したり合成したりする仕組みがなければ，そんなことはできない。単なる模倣と強化だけでは，それは不可能なのだ。今まで聴いた歌をもとに，新しい歌を口ずさみ始めたオウムや九官鳥がいたら，気味が悪い。

2　生得説

子どもの**母語習得**については，次のような特徴がある。
①世界中のどんな言語でも同じように習得できる。
②親が話す言葉は，内容も順序もさまざまで不完全なものも多いのに，どの子どもも，ほぼ完全な文法体系を習得でき，お互いに子ども同士で意思の疎通ができる。
③初めて聞いた文の意味を理解できたり，初めての文を作れたりする。

以上のような現象を説明するために，人間の頭の中には生まれつき，他の動物にはない装置があって，そこに外から音声材料が入ると，その装置がその言語の体系を作り始め，その言語を理解したり作り出したりする仕組みを完成させると考えた人達がいた。有名な「**生成文法**（Generative Grammar）」を提唱したアメリカの言語学者ノーム・**チョムスキー**（Noam Chomsky）もその1人である。人間がしゃべる何千種類という言語も，結局すべてこの同じ装置で作られたものなので，共通の規則や特徴を持っていると考え，それを**普遍文法**（Universal Grammar）と呼ぶ。日本語でも英語でも，どんな言語でも，主部にあたるものと，述部にあたるものがあるというのもその例である。そしてそれぞれの言語に固有な規則や特徴を個別文法（Particular Grammar）と呼ぶ。どんな言語でも，子どもが同じ装置を使ってすぐに習得できるのは，基本的な普遍文法が同じだからで，知らない言語の決まりが最初全く分からないのは個別文法が違うからである。頭の中にあると仮定されるこうした装置を，**言語習得装置**（LAD: Language Acquisition Device）と呼び，言語学の分野

> **BOX 5**　　**言語の起源についての5つの説**

　デンマークの言語学者，オットー・イエスペルセン（Otto Jespersen, 1860-1943）は，一般的に行われている言語の起源についての理論を4つのグループに分け，自分自身の5つめの理論を付け加えた。これらの理論は，ニックネームで呼ばれることが多い。

＊「ワンワン」説
　言語は，人間が回りの環境の音，特に動物の鳴き声を真似することを通じて生みだされたというもの。その主な証拠は，擬音語を使用するということであるとされる。しかし，言語には擬音語はそうたくさんはないし，自然の音を表現する方法は，言語によって非常に異なるので，この理論はほとんど支持されていない。

＊「プープー」説
　言語は，痛みや怒りなどの感情によって刺激されて，人間が本能的に音を発することから生じたというもの。その主な証拠は，間投詞のような，すべての言語に共通の音を使用することであるとされる。しかし間投詞を多くもつ言語はないし，いずれにしろ，舌打ち音や吸気による音および同じようにして発音される他の音声は，音韻論に見られる母音や子音とはほとんど関係がない。だから，綴りだけでは発音が同じであることの十分な証明とは決してならない。

＊「ディンドン」説
　言語は，人間が自分の周囲の刺激に反応して，ある面で環境を反映するか環境

で，その仕組みと働きを解明しようとする研究が進んでいる。

3　その他の説

　実際頭の中にLADがあるとしても，赤ちゃんのLADに入ってくる言葉は世界中のどこでも共通の特徴がある。どの親も赤ちゃんには，大人相手には使わない言語表現を用いる。例えば，子どもにとって発音しやすい短い言葉で，ゆっくり話しかけるのは，ほとんど人類共通といえる。こうした特徴をもった言語が習得の最初の段階で必要とされ，それを核に言語体系が発達してくるのだという考え方がある。なるほど世界中の赤ちゃんに話しかける言葉を分析し

に調和するような音声を，自発的に発すること（「口頭の身振り」）から生じたというもの。その主な証拠は，ある種の意味をもつ単語に，すべての言語が共通の音を用いることであるとされる。しかし，明白な音象徴のような少数の場合を除けば，この理論がそのような現象を正しいと認めさせることはない。にもかかわらず，奇妙な例がいくつも挙げられている。例えば「ママ」は，口が胸に近づくときの舌の動きを反映しているとか，「バイバイ」や「タタ」が，それぞれ唇と舌で，さようならと手を振るしぐさを表わしているなど。

＊「よいとまけ」説
　言語が発生したのは，人々が一緒に労働するときに，肉体的な努力をすることから，共同のしかもリズムをもったうなり声のようなものが発せられ，それがやがて歌へと，つまり言語へと発達していったからであるというもの。その主な証拠は，言語では，韻律的な特徴，特にリズムの使用が普遍的に行われていることであるとされる。しかし，この種の声による表現と言語に全体として見られる韻律的特徴の間の開きは非常に大きく，後者に対する説明はまだこれからなされねばならないものであるといってよい。

＊「ラララ」説
　イエスペルセン自身は，もしある1つの要因が人間の言語を生じさせるとすれば，それは生活の叙情的な側面，つまり愛や遊びや詩的な感情あるいは恐らく歌などであろうと思った。しかし，ここでもまた，言語表現の感情的な側面と理性的な側面の間の開きは，まだ説明されているとはいえないのである。

（出典）　デイヴィッド・クリスタル　1992　「言語学百科事典」　p.415　大修館書店

てその言語学的特徴を詳しく解明すれば，言語習得の大きな手がかりが得られることだろう。

　あるいは，**言語習得**には，その前提として子どもの**認知能力**が発達していなければならず，言語の習得はその後で，その枠組みの中で起こることであるとする考え方がある。スイスの心理学者ジャン・**ピアジェ**（Jean Piaget）は子どもの認知発達のモデルを提案したが，例えば，過去時制を習得するためには，その前にその子どもが時間についての基本的概念を形成していることが必要で，その枠組みの中で言語習得が行われると考えた。確かに認知能力と言語能力は密接な関係があり，今後とも言語習得の研究には概念形成過程などの検証が欠かせないことだろう。

2　考えるには言語が必要か

1　「考える」の定義

　いったい「考える」ためには「言語」が必要なのだろうか。これはずいぶん昔から言語学や心理学の重大な研究テーマであった。例えば、今あなたがいきなり「核の拡散を防ぐために日本が果たすべき役割は何だと思いますか」と聞かれたとしよう。あなたはまず頭の中で言葉、もしくはまだ明確な言葉にはなっていない言語を使って少し考える。そして実際に言葉を口にしながら、同時に自分の耳でその言葉を聞いて、それをもとにさらに考えを発展させて、あなたは話し続ける。こうした場合、効率よく明確に「考える」ためには確かに「言語」が必要だ。

　ところが、例えば、「朝ここに来るときに、どっちの道にしようかと考えて、結局153号線で来たんだけど、ひどい渋滞でね…」というような場合、はたして「言語」で考えたのだろうか。おそらくその時は、頭の中に選択肢となる幾つかの道の視覚的なイメージが瞬間的に記憶から蘇って、その結果153号線を選んだのだろう。まさか、「えーっと、この前県道を走ったときは、ちょうど同じくらいの時間だったけれども、少し行ったところでもうすでに車がつかえていて、前に乗用車が数台、その前にトラックやバス、さらに乗用車と、何台も数珠つなぎになっていた。それと比べると153号線の方は、車こそ多かったけれど、結構流れていたし…」などと、言葉にして考えていたわけではない。つまり私たちは日常「考える」という言葉を極めて広範囲に使っているので「考える」という言葉を定義しないと、この議論は無意味なのである。

　上の例のように視覚イメージなど、感覚的なイメージを中心に考える場合は、ほとんど言葉はいらない。それどころか、メニューの写真を見ながら、どの料理にしようかと考えるような場合、以前食べたときの記憶を辿ることはできても、味の違いはなかなか言葉にはできない。よくテレビのグルメ番組で料理を口にしたレポーターが、その微妙な味わいを何とか言葉で表現しようとして、結局「すっごく、おいしいです！」などとしか言えないことからも分かるように、言葉で表せないような感覚的な印象はいくらでもあるのだ。

感情もそうである。「あの方がどれほど辛いお気持ちかと考えただけで，もう…」と絶句して，こぼれる涙をぬぐっている人は，おそらく言葉を使って考えているわけではない。悲しみに共感して胸がいっぱいになっているだけである。

考えるのに言語を必要とするのは，最初の例のように頭が知的に働いているときである。論理的な思考とか，合理的な思考というような場合，つまり理路整然とした思考には言語が欠かせない。

2　思考が先か，言語が先か

それでは，言語を使って考える場合，思考が主で言語が従なのか，それとも逆に言語が主で思考が従なのだろうか。前者なら，まず「考える」という働きがあって，それがうまく能率的に働くように「言語」という道具を使うことになる。思考の実体は他にあって，それをできるだけそのまま，うまく表現するために「言語」を使うのだ。実際喋ったり，書いたりした後で，「いや，どうも違う」と思ったりするのは，言語とは別に考えていることや言いたいことがある証拠だ。

しかし同時に，言語が主で思考は従だと考えることもできる。例えば友だちに「きのうどこかに行った？」と聞かれて，ええと，きのうはどこかに行ったっけ，と考えて，思い出したところで言う「うん，丸善に本を買いに行った」は，正しい日本語だ。そして答えたときは確かに「丸善に本を買いに行った」と考えていたのである。ところが，この答えは，英語では絶対に出てこない。英語では同じようには考えられないのである。

つまりこの場合の「本」は，日本語では，具体的なイメージのない，「本というもの」に近い。冊数など今言う必要がなければ，何冊だったかには触れずに，「本」ですますことができる。ところが英語を使う以上，最初に「book」というときから，必ずそれが1冊なのか2冊以上なのかを言わなければならない。"a book"とか"some books"とは言えても，ただの"book"とは言えないのである。日本の本屋さんの看板などに英語で「BOOK」と書いてあるのは間違いで，「BOOKS」でなければならないのだ。英語を母語としている人はみな，数えられるものについて考えるときには，最初から単複を考えなけれ

ばならない。つまりその意味では，言語によって考えが制約を受ける。言いかえれば，言語が主で思考は従なのである。

こう考えてみると，3番目の考え方，つまり，思考と言語は互いに主になったり従になったりして，互いに影響を与え合いながら機能しているという意見も出てくるだろう。いずれにせよ，言語と思考の関係については，まだ結論が出ておらず，さまざまな現象をもとに，言語学や心理学，さらに最近関心を集めている**認知科学**の分野などで研究が続けられているのである。

3 言語が違うと考え方も違うのか

上にあげた2番目の考え方，つまり，ある言語を使ってものを考えようとすると，それによって思考が制限を受けるという考え方を推し進めたのがアメリカの言語・人類学者エドワード・**サピア**（Edward Sapia）と，その弟子のベンジャミン・リー・**ウォーフ**（Benjamin Lee Whorf）で，彼らの**言語相対性仮説**は，それぞれが同じような仮説を提起したために，まとめて「**サピア・ウォーフの仮説**」（Sapir-Whorf Hypothesis）として知られている。

例えばウォーフは，アメリカ先住民族の言語であるホピ語（Hopi）を研究し，興味深い事実を発見した。この言語では，鳥以外で空を飛ぶものは全て"masa'ytaka"という1語で表されるという。飛行機も，虫も，すべて同じ"masa'ytaka"なのだ。これは私たちには奇妙に思えるかも知れないが，その私たちでも，見た雪をいつも「雪」1語で表現している。ところがエスキモー語では，降っている雪や，積もっている雪など，色々な種類の雪を別の言葉で表現しているのである。つまりわれわれは自分を取り巻く物事を自分の言語体系にある考え方で切り分けて認識しているのだ，と彼は主張する。われわれの思考は，言語によって大きく制約を受け，影響され，決定されるというわけだ。

もしそうだとすると，例えば，英語を母語とする人の考え方には共通したものがあり，日本語を母語とする人は，その考え方に違和感を感じてしまうことになる。確かに日英の2つの言語をかなりのレベルまで使える人たちは，ほとんど口を揃えて，喋っている時の気持や態度に，日本語と英語では微妙な違い

があるという。しかしだからといって，英語をしゃべっている人と日本語をしゃべっている人が理解し合えないわけではないし，気持を伝えられないわけでもない。先ほどの雪についても，たとえ1語ではなくても，「降っている雪」とか「積もっている雪」と表現すればすむ話だ。要するにこの仮説については，言語の違いが，考え方を全く変えてしまうというほど決定的なものと考えるのは間違っており，言語が違うと，同じ考え方でも，発想や力点が微妙に違うという程のものと考えるべきである。

4 日本語と英語はどう違うか

　言語が違うと，**発想**や考え方にどんな違いが生まれてくるのだろうか。ここでは，日本語と英語を例にして考えてみたい。
　英語を書く場合，副詞をどんな順番で並べればいいか迷うことがある。例えば，「彼はきのう図書館で一生懸命勉強した」という英語を書く場合，"yesterday" "hard" "in the library" の3つの副詞（句）をどの順番に並べればいいのだろうか。様態，場所，時間などという原則を覚えておく方法もあるが，もっと簡単な方法は，まず日本語で最も自然な順序を考えて，それをそのままひっくり返すことである。すると "He studied hard in the library yesterday." という，一番自然な英語になる。
　もっと長い文でも，例えば，
　・日本語：
　　　　彼は　その列車に　乗るために　早く　出発したの　かもしれない。
　　　　　　　　　1　　　　　2　　　　3　　　4　　　　5
　・英　語：
　　　　He　may　have left　early　to catch　the train.
　　　　　　5　　4　　　3　　　2　　　　1
のように，主語の後を見ると，日本語と英語では全く逆転している。主語のすぐ後に鏡を置けば，ちょうどその鏡に映った順番になっているので，こうした関係を「**鏡像関係**」と呼ぶ。こうした関係は，他にも多く見られる。前置詞と

名詞でも，

- 日本語：図書館　で
　　　　　　1　　 2
- 英　語：in　 the library
　　　　　 2　　　 1

関係節と先行詞の関係でも，

- 日本語：昨日会った　少年
　　　　　　 1　　　　 2
- 英　語：the boy　I met yesterday
　　　　　　 2　　　　　 1

のように，鏡像関係になっている。これはどうしてなのだろうか。

　理由は，日本語と英語では基本的な**語順**が逆になっているからである。つまり，

- 日本語：S　O　V
- 英　語：S　V　O

の違いである。これで分かるように，Sで話題が与えられると，そのあとは日英語で全く逆の語順になる。一般的にいって，Vがもっとも大切な部分なのだが，日本語はそれを最後に言い，英語は最初に言うという違いがある。例えば「きのう何してた？」と聞かれて「（きのうは）一日中図書館で一生懸命勉強してたよ」と答えた場合，情報として一番大切なのは「勉強してた」ということである。それと比べれば「一日中」も「図書館で」も「一生懸命」も，それほど大切な情報ではない。まして最初に言うかもしれない「きのうは」は，単なる繰り返しで，情報としては何の意味もない。つまり日本語では情報が「軽→重」の順に並べられるのである。

　英語では逆に情報が「重→軽」の順に並べられる。まず大切な情報を与えて，その後で色々な関連情報を加えていく。"I studied hard in the library all day long (yesterday)." のなかで，一番大切なのはやはり最初の "studied" で，最後の "yesterday" は無くてもいい情報である。

　語順についての鏡像関係はほとんどこの基本的な違いから生まれる。英語では大事なものが先に来るので，2語以上の修飾語句・節などは後に置いて，大

事なものとの関係を示す語は両者の中間，すなわち修飾語句の前に前置詞や関係節として置かれるが，日本語はその逆である．

- 英　語：大事な語＋<u>関係を示す語（前置詞）</u>＋修飾する語
  　　　　studied　　　　in　　　　　　the library
- 日本語：修飾する語＋<u>関係を示す語（助詞）</u>＋大事な語
  　　　　図書館　　　　で　　　　　　勉強した
- 英　語：大事な語＋<u>関係を示す語（関係代名詞）</u>＋修飾する節
  　　　　the boy　　　（who/whom）　　　I met yesterday.
- 日本語：<u>修飾する節（＋関係を示す語）</u>＋大事な語
  　　　　きのう会った（ところの）　　　　少年

ちなみに，上の「ところの」という言葉は，「これは彼が得意にするところの技法である」などと使われる堅い感じの文章語で，あまり耳慣れない言葉だが，これは西洋語の関係代名詞の翻訳から生まれた言葉である．

　以上の例でわかるように，英語を話しているときは，まず大事なことや結論を先に言おうという気持になる．それをまず伝えてしまって，その後で，細かいことや付随的なことを言うのである．一方日本語は，まず周辺のことから始まって，最後の最後になって大事なことや結論を言う．勇気を出して「僕のことどう思う？」と質問した男性に，日本の女性はどうでもいいようなことから始める．「去年の夏初めて会ってから思ってたんだけど，これからもずっと…」ドキドキして聞いているうちに最後に大切な結論が出る．「いい友達でいたいの」か，「いつもこうやって一緒にいたいの」かだ．英語なら，まず最初に"You are one of my best friends."とか"I love you."とか，いずれにしても大切な結論をまず先に言って，その後で，必要ならその理由や背景を付け加える．

　こうした発想の違い，姿勢の違いは色々なところにも現れている．例えば，履歴書を書く場合，日本では，〜高校卒，〜大学入学，〜大学卒業，〜会社入社，などと，過去から現在の順序で書く．遠い昔のことなど余り関係ないので，ここでもやはり情報は「軽→重」の順に並べられる．ところが英語の履歴書では，現在のことから始めて，過去にさかのぼって行くのが原則だ．情報は「重→軽」の順なのである．

順序の違い以外にも，英語では必ず名詞に色々な情報を付けなければならないという違いがある。数えられる名詞については，単複を明確にしなければ口に出せないということは前述したが，特定なものか不特定なものかも区別しなければならない。例えば，日本語なら，「今度旅行に行くので，カメラを買おうと思っている」，「その銀行ではさまざまな角度から監視するためにカメラが使われている」，「この前の旅行に持って行ったカメラは兄のものです」，「このケースの中のカメラは全部国産です」の「カメラ」は，全て同じ「カメラ」だけでいいが，英語では順に，a camera, cameras, the camera, the cameras と変化しなければならない。数えられる名詞を言葉として頭に浮かべるときに，そうした情報も必ず一緒に考えなければならないのである。

このように，言語が違うと，それを使っているときの発想や考え方も微妙に異なることは確かである。こうした特定言語間の違いについては，**対照言語学**の研究などで，これから色々なことが解明されていくことだろう。

キーワード：言語習得　普遍文法　LAD　サピア・ウォーフの仮説　語順　発想

課題

①日本語と外国語で発想が違う点について，上にあげた例以外で気づいたことを，実例を挙げて説明しなさい。

②キーワードのすべてを用いて，800字程度にこの章を要約しなさい。

もっと学びたい人のために

この章で扱った内容に関連した学問分野は，言語一般では「言語学」，言語習得では「心理言語学」，言語と思考については「認知言語学」，複数言語の比較対照については「対照言語学」などがある。

上山あゆみ　1991　「はじめての人の言語学」くろしお出版：日本語の方言や，9つの外国語を例に挙げ，発音や文法の違いについて面白く解説してある。

ジーン・エイチン（田中春美他訳）　1995　「入門言語学」金星堂：英語を例に，言語学が扱う分野全般について面白く，分かりやすく説明してある。

デイヴィッド・クリスタル（風間喜代三他監訳）　1987　「言語学百科事典」大修館書店：言語学のすべてを網羅した，分かりやすい事典。原本は，1997年に改訂版が

出されている。David Crystal. 1997. *The Cambridge Encyclopedia of Language* (2nd ed.). Cambridge University Press.

角田太作 1991 「世界の言語と日本語」くろしお出版:世界のさまざまな言語と比較対照しながら,日本語の特質を浮き彫りにする。

石綿敏雄・高田誠 1990 「対照言語学」桜楓社:対照言語学という学問をわかりやすく解説した入門書。

西光義弘編 1997 「日英対照による英語学概論」くろしお出版:日本語と対照しながら英語を考える,日英対照言語学の解説書。

6章
言語と社会

―― この章のねらい ――

言語と社会との関係を考える時,大きく分けて2つのとらえ方がある。1つは同じ言語を使う話し手と聞き手の間の具体的な対話に焦点を当てて考える場合である。もう1つは,広く民族や国家を対象として,異なる言語を巡るさまざまな問題を考える場合である。この章では双方の視点から,言語と社会の関係を考えてみよう。

1 言語のなかにどんな違いがあるか（言葉のなかの多様性）

　同じ言語のなかにも，さまざまな方言の違い，年齢や性別による違い，社会階層や職業などによる違いがある。それぞれにどのような特徴があるか，また違う言葉同士が接触したときにどんな現象が起こるかなども興味深いテーマである。さらに，こうした多様性が時代を追うごとに，どういう原因で，どう変化してきており，将来はどうなるかを予測してみるのも面白い。

　例えば，奇抜な服装でテレビに紹介され，流行の先端を行ってカッコイイと自負している女子高生たちの言葉遣いは，語彙にしても音調にしても，やはり同じ程度に奇抜である。古いものや枠にはめようとするものへの反発から，極端に型破りで個性的であろうとする彼女たちは，孤立する不安を，同じ言葉を使って群れることでやわらげている。

　性差については，日本語はその違いが明確な言語の1つである。小説などを読んでいても，日本語の場合はセリフを見ただけで話し手の性別は容易に判断できるが，英語訳になると，それがわからなくなってしまうことが多い。ただ最近では，男女平等思想が浸透してきた影響もあって，女性がわざと男性言葉を使う現象も見られるようである。

　敬称，**二人称代名詞**，**親族名称**や，**尊敬語**，**謙譲語**，**丁寧語**による敬意・丁寧表現が発達しているのも日本語の特徴の1つである。自分と相手との関係が言葉の使い方に敏感に反映されるのだが，最近の若者たちは，この敬語を正しく使えなくなってきているとよく言われる。「ため口」をきく，などと非難される若者が多くなってきた原因の1つは，言うまでもなく彼らの意識の変化である。平等とか人権といった新しい概念が，謙遜や調和など，昔から美徳とされてきたものに疑問を抱かせ，以前ほど年齢や立場の違いを敏感に受け止めなくなって，**敬語**の必要性をそれほど感じなくなったためだろう。

2 私たちはどのように言葉を使いわけているか

　社会の構成員としてうまく生きていくためには，言いたいことを相手にどう表現して伝えるかが極めて大切な要素となる。例えば，夏の日に冷房の効いていない部屋に通されたとしよう。早くエアコンをつけて欲しいあなたは，次のどの言い方を選ぶだろうか。

1. エアコンつけて下さい。
2. すみませんが，エアコンをつけて下さいませんか。
3. 今日は暑いですね。

　別に正解というわけではないが，3. を選んだ人は，直接エアコンを話題にせず，遠回しに部屋の暑さに触れたわけである。相手にその気があればすぐ付けてくれるだろうし，その気がなくても気まずい思いをすることはない。相手が電気代を節約しようとしていたり，資源の無駄づかいはやめようと思っているのかもしれないので，2. は，十分丁寧で正しい言葉遣いではあっても，うまい言葉遣いとはいえないかもしれない。

　こうした分野の研究は，言語そのものの音声や構造の研究ではないので，長い間言語学の領域では扱わないものとされてきた。しかし，最近になってコミュニケーションの分野での研究の広がりと呼応して，**語用論**（Pragmatics）などの研究分野が広がり，さまざまなテーマで多くの研究が行われるようになってきた。

3 外国人とは何語を使って話すべきか

　21 世紀には，経済や情報，文化など，あらゆる分野で更にグローバル化が進み，企業の体質もコミュニケーションの形態も大きく変化することが予測されている。そこで当然外国の人とのコミュニケーションも増えてくるが，私たちはいったい彼らとどんな言語でコミュニケーションを図ればいいのだろうか。

　日本人にとって，21 世紀の**国際コミュニケーション**の方法として可能なも

のを，便利か，平等か，という2つの尺度で分類してみると，次の7つの方法が考えられる。

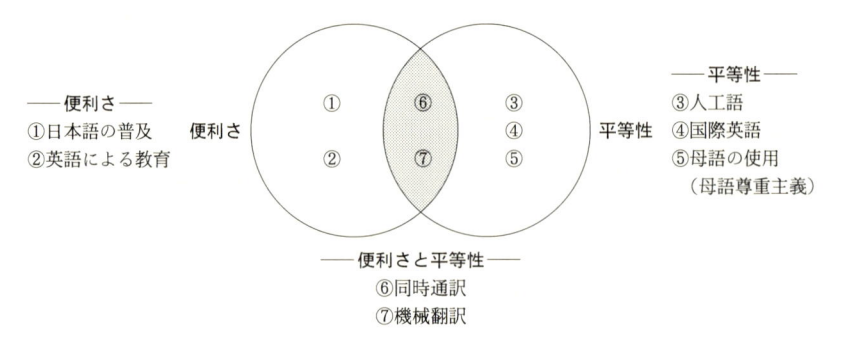

```
―― 便利さ ――           ―― 平等性 ――
①日本語の普及           ③人工語
②英語による教育         ④国際英語
                        ⑤母語の使用
                        （母語尊重主義）

―― 便利さと平等性 ――
⑥同時通訳
⑦機械翻訳
```

便利さ：①②⑥⑦
平等性：③④⑤⑥⑦

図6-1　国際コミュニケーションの方法

＜便利な国際コミュニケーション＞

　日本人にとって一番便利な方法は，もちろん日本語で世界中の人と話をすることである。それが不可能で外国語を使わなければならないとしたら，圧倒的多数が学んでいる英語を使うのが便利だ。

①日本語でのコミュニケーション

　文化庁文化部国語課の調査では，1998年の時点で，日本国内で日本語を学習している外国人は約8万3千人である。彼等のためにも，日本での外国人とのコミュニケーションに日本語を使う姿勢はもっと大切にしたい。日本語を勉強している知人のアメリカ人の話では，日本人に日本語で話しかけると英語で答える人が多いという。そんなことが何度も続くと，段々学習意欲がなくなってくると彼は嘆く。日本人が日本語を大切にしないで，一体他の誰が大切にしてくれるのだろう。アメリカかぶれした英語の先生が言うように，「街角で外国人を見かけたら，恥ずかしがらずに気楽にハローと声をかけ」たりしてはいけないのだ。話しかけるなら「こんにちは」と言うべきである。逆に英語で話しかけられたときに"I'm sorry for my poor English."と謝ったり恥ずかしがったりしているから，何年日本にいても日本語を覚えようとしない不良外人がのさばるのだ。**日本語教育**についても，どこかに「日本語を覚えてもらう」という意識があるので，教える方は報酬をあまり求めない。ボランティアとい

えば聞こえがよいが,それが結果的に日本語教育のプロを育てにくくしているのだ。せめて日本の中では,日本人の思考そのものである日本語にもっと自信と誇りをもちたいものである。

　一方,国際交流基金日本語国際センターによる同時期の調査では,海外での日本語学習者は約209万人である。この数を,日本人を含めて世界中の英語学習者の人数と比べるとまさに雲泥の差で,海外の広範囲な地域で日本語によるコミュニケーションを成立させるのは,今のところ夢のまた夢の話である。それに,日本語を学びたいという人たちに可能な限りの便宜を図るのは当然としても,海外で日本語を強引に通用させようとすることは,かっての日本がアジアで犯した過ちをまた繰り返すことにもなりそうだ。

②英語でのコミュニケーション

　国際コミュニケーションの道具として英語がいかに便利かに異論を唱える人はいないだろう。Crystal（1997）によれば,控え目に見積もっても英語を**母語**として使っている人が4億人,**第二言語**として日常生活で使っている人が3.5億人,外国語として流暢に使っている人が1億人,計8.5億人が日常英語を使っており,この数は1950年代と比べると40％以上増えている。今や世界の科学者の3分の2以上が英語で論文を書いており,世界の郵便物の4分の3,コンピューターの検索システムにある情報の80％が英語である。

　こうしたデータからも,国際的な活動をしたり重要な情報を手に入れるためには英語が使えると圧倒的に有利なことがわかるが,それならいっそ幼稚園からすべて英語を使って教育すれば,と主張する人がいる。そうすれば苦もなく英語を覚えられるし,日本語は家庭で使うから大丈夫というわけだ。実際日本の小学校でも,2002年度から始まる「**総合的な学習の時間**」を使って英会話を教えてもよいことになった。しかしそれをもっと極端に拡大して,全ての教科を英語で教えるとなると,さまざまな問題が起こってくる。例えば,高度な知識や最新の情報を英語で与えられることで,英語という言語への評価が高くなり,反対に日本語への評価が低くなって,英語が下手な親を尊敬できなくなったりする。あるいは,家の価値観が学校では通用しないという事実に直面して,日本人としての自信や誇りを失ったり,日本語の発達が阻害されたまま成績不振に陥ったりするのは,第三世界の多くの国が既に経験していることからも容

BOX 6　世界の上位20言語の話者の概数
(単位は100万人)

最初の表では，言語がもつ母語（第1言語）話者の数をもとにして，言語が並べられている。対立する概数があるときは，多いほうの数がここでは用いられいる。2番目の表では，ある言語が公用語としての地位にある国の人口の概数が挙げられている。合計が常に一致するわけではないことに注意されたい。これは，主要な言語の中には（ジャワ語やテルグ語など）国全体の公用語てないものもあ

上位20言語

母語話者	公用語話者
1. 中国語（1,000）	1. 英語（1,400）
2. 英語（350）	2. 中国語（1,000）
3. スペイン語（250）	3. ヒンディー語（700）
4. ヒンディー語（200）	4. スペイン語（280）
5. アラビア語（150）	5. ロシア語（270）
6. ベンガル語（150）	6. フランス語（220）
7. ロシア語（150）	7. アラビア語（170）
8. ポルトガル語（135）	8. ポルトガル語（160）
9. 日本語（120）	9. マレー語（160）
10. ドイツ語（100）	10. ベンガル語（150）
11. フランス語（70）	11. 日本語（120）
12. パンジャーブ語（70）	12. ドイツ語（100）
13. ジャワ語（70）	13. ウルドゥー語（85）
14. ビハーリー語（65）	14. イタリア語（60）
15. イタリア語（60）	15. 朝鮮語（60）
16. 朝鮮語（60）	16. ヴェトナム語（60）
17. テルグ語（55）	17. ペルシャ語（55）
18. タミル語（55）	18. タガログ語（50）
19. マラーティー語（50）	19. タイ語（50）
20. ヴェトナム語（50）	20. トルコ語（50）

易に予想できる。まして日本の場合は，今の英語教育を考えてみれば分かるように，まず英語だけの教育が自然に思えるような環境への変化，つまり英語を使用する外国人が身の回りに溢れ，英語を使わなければ生活できないような状況にならなければ，こうした教育が成果をあげることは期待できない。しかし私たちは，そういう日本になることを本当に望んでいるのだろうか。

一時的な混乱はあっても，長い目で見ればいっそ日本語を全廃して英語だけにした方が便利だし，利益にもなるとさえいう人もいる。確かに便利さや利益

り，マレー語やタガログ語のように，多言語国家の公用語もあるからである。
　2番目の表の数字は多めに見積もられていることが多い。なぜなら，第2言語が認められている国（インドなど）では，その第2言語をだれもが自由に操れることは決してないからである。一方で，これらの数字は，どのようにして言語が移動しつつあるかを示す指標としては，ある程度興味のあるものである。

語族の話者の統計

1980年代初期。世界の人口が40億人を越えていたときの，世界の主要な語族の話者の概数	
インド・ヨーロッパ語族	2,000,000,000
シナ・チベット語族	1,040,000,000
ニジェール・コンゴ語族	260,000,000
アフロ・アジア語族	230,000,000
オーストロネシア語族	200,000,000
ドラビタ語族	140,000,000
日本語	120,000,000
アルタイ語族	90,000,000
オーストロ・アジア語族	60,000,000
朝鮮語	50,000,000
タイ語	50,000,000
ナイル・サハラ語族	30,000,000
アメリカインディアン語（北,中央南アメリカ）	25,000,000
ウラル諸語	23,000,000
ミャオ・ヤオ諸語	7,000,000
コーカサス諸語	6,000,000
インド・太平洋諸語	3,000,000
コイサン諸語	50,000
オーストラリア諸語	50,000
旧シベリア諸語	25,000

（出典）　デイヴィッド・クリスタル　1992　「言語学百科事典」　p.413　大修館書店

を至上のものとする人，あるいは，英語を母語とする人たちに憧れ，彼らと同じようになりたいという強い願望をもった人にとってはそうかもしれない。何に憧れようがその人の自由だ。しかし，自由な思考の道具である母語を奪い取られて自由な思考を否定されることは，自分という存在を否定されることなのである。私が完全な私でいられることと引き換えにできるような，どんな便利さや利益があるというのだろう。私が私として存在する権利がある限り，母語である日本語を奪われるいわれはないのだ。

さらに，もし世界の言語が英語だけになったとしたらどうだろう。どこに行っても英語の音しか聞こえず，英語の発想しかできなくなり，英語文化の価値観しか残らないとしたら，世界は何と単調で味気なくなってしまうことだろう。世界各地の風土が違うように，さまざまな言葉や文化があるからこそ，さまざまな人々が自然に無理なく生きて行けるのだ。ちなみに1982年9月にヨーロッパ議会で採択された，現代語の教育と学習についての勧告には，"...the rich heritage of diverse languages and cultures in Europe is a valuable common resource to be protected and developed, and ... a major educational effort is needed to convert that diversity from a barrier to communication into a source of mutual enrichment and understanding....（…ヨーロッパの多様な言語や文化の豊かな遺産は，保護し，発展させなければならない貴重な共有資源であり，…その多様性をコミュニケーションへの障害から，相互を豊かにし理解する源となるものに変えるためには，多大な教育的努力が必要とされる…)"とある（Crystal, 1997）。多様な民族が持つ多様な言語と文化が共生できてこそ，世界は真に豊かで幸福なのである。

＜平等な国際コミュニケーション＞
　次に平等さを重視する視点がある。現在すでに，英語を母語とする者としない者との間に大変な不平等が存在していることは明白であるが，それは見過ごしていいことなのだろうか。たまたま生まれた時に皮膚が黒かったというだけで，奴隷にされ，家畜のように扱われるとしたら，それは「**人種差別**」である。そのことに人類が気がついたのは，人間の歴史全体から見れば，ほんのこの前のことだ。生まれた時に，たまたま女性だったというだけの理由で，「女・子ども」として軽視され，男性の支配下に置かれたとしたら，それは「**性差別**」だということに気づいたのも，つい最近のことである。だとすれば，たまたま英語圏ではない土地に生まれ，英語ではない言語を母語にしたというだけで，英語習得のために多大な時間と労力とお金を強要され，英語ができないだけで人生の可能性が大幅に狭められるとすれば，それはまさに「**言語差別**」と呼ぶにふさわしい状況である。では，そうした差別を回避するために，どんなかた

ちのコミュニケーションが考えられるだろうか。それは，人工語の使用と，国際英語の使用，それに母語の優先的な使用である。

③**人工語でのコミュニケーション**

　人工語の条件は，自然言語に見られるような複雑な活用変化とか例外などがなく，自然言語からの類推で簡単に意味が取れ，しかも特定のどの自然言語にも偏っていないということである。つまり，合理的で，便利で，中立でなければならない。人工語として最もよく知られているのが**エスペラント**である。1887年にポーランドの眼科医ルードヴィヒ・ラザルス・**ザメンホフ**（Ludwig Lazarus Azmenhof）が発表したこの人工語は，言うまでもなく例外の一切ない合理性を特徴としている。しかし提唱者たちが主張する簡便さと中立性については額面通りに受けとることはできない。つまり語彙のほとんどを西欧の有力言語から採用している（例えば，「鳥」は"birdo"）ので，日本人には簡単でもなければ中立でもない。いわばこれは西欧人の共通語である。つまりどの人工語でも，合理性は簡単に実現できるが，残り2つの条件，簡便さと中立性は，世界中の人を対象にする限り両立し得ない。さらに，母語話者がいないということ自体が，かえって背景の固有文化をもたないための無味乾燥さを感じさせ，伝える微妙な意味と機能に限界を与えてしまうのである。

④**国際英語でのコミュニケーション**

　同じ英語を使うにしても，②のように英語に支配されるのではなく，英語を英米の英語や文化から切り離し，単なる自己表現の道具として使えばいいと主張する人たちがいる。つまりインドにはインドらしい「インド英語」があり，シンガポールにはシンガポールらしい「シンガポール英語」があるように，日本には日本らしい特徴のある「**日本英語**」があってよいというわけだ。「国際英語」，「**民族英語**」，「Janglish（JapanとEnglishの合成語）」，などと呼ばれるものに共通した考え方で，日本人の立場から「日本英語」を使用することで，少しでも英語母語話者と対等な関係になろうとする。

　この考え方は3つの点で無理がある。まず，インドやシンガポールなどと違い，日本人が共通して使っている「日本英語」なるものが存在しないことである。日本人らしい特徴のある英語でいいといわれても，標準的な「日本英語」などどこにも存在しない。「日本英語」を教えるテレビ番組も教科書もなけれ

ば，先生もいないのだ。日本のマスメディアから大量に流れる英語はほとんどが英米人の英語である。どうせ最初から勉強するなら，英米人の英語でも労力は同じで，むしろそちらの方がよほど便利に安心して学べるのだ。少しも不平等さの解消にはならない。

　次に，英米人の英語を必死に真似したつもりでも，発音はなまっているし，こなれた英文も出てこない。それなのに最初から「日本英語」でいいなどといっていたのでは，結果は惨めなものだ。つまり誰にも通じない英語になってしまうのである。アメリカでホテルに帰ろうとして道に迷い，日本式の発音で「ホエアー・イズ・ヒルトン」と何度尋ねても通じず，途方に暮れたビジネスマンの話は他人事ではない。

　最後に，英語というものが，それを母語として話している人たちが大勢いる生きた言語である以上，彼らの文化と切り離すことはできないということである。英語を学ぶことは，その背後の文化を学ぶことと常に表裏一体なのだ。英語をうまく喋るということは，英語の発想でものを考え，行動するということである。つまり価値観まで英語風になるのだ。そうでなく，彼らの文化から英語を切り離して，日本人の立場で英語を使えというなら，先輩に"Senior!"と呼びかけ，初対面の挨拶で"Please be nice to me（＝よろしく）."と言い，お正月には"Congratulations（＝おめでとう）！"と声をかけ，妻のことを手紙に"my foolish wife（＝愚妻）"と書くことになる。もっともらしいこの「国際英語」という考え方は，「外国人の英語なら少しくらいの間違いは大目に見ましょう」というほどのもので，不平等の解消にはほど遠いものなのである。

⑤母語でのコミュニケーション

　言語間の平等を実現するために，どこに行っても，その地域の人たちの母語の尊重，つまり現地語使用の原則を尊重せよと主張する人たちがいる。言語における人権の尊重という見地からは全く同感である。日本に来た中国人は日本語を，中国に行った日本人は中国語を使うのが一番望ましいことはいうまでもない。手紙でも，電話でも，ファックスでも，Ｅメールでも，到着先の言語を使用することにすれば母語は十分尊重される。しかしそうすると，国際コミュニケーションは極めて煩雑なものになり，情報の流れが著しく阻害されてしまう。気楽にＥメールも出せなければ，旅行にも行けないからだ。現在の英語が

提供する便利さをすっかり失ってまで平等にこだわろうという人はそんなに多くはない。背に腹はかえられぬのだ。

　もう少し現実的な案として，お互いに発信は母語を原則にしようと提唱する人がいる。なるほど日本人にとってみても，英語は聞くだけで喋らなくてもいいなら，ずいぶん負担が軽くなる。しかし，だからといって何人の外国人がわれわれの喋る日本語が分かるようになるまで日本語を勉強してくれるだろうか。この案の最大の弱点は，まさにそこにある。つまり，相手の言葉を知らなければ知らないほど自分の主張だけを聞いてもらって得をし，相手の言葉を勉強すればするほど相手の言い分を聞かなければならないので損をするという点である。

＜便利で平等な国際コミュニケーション＞
　それでは，便利で，しかも平等な方法はないのだろうか。今のところ同時通訳と機械翻訳という2つの方法がある。英語教師達はこの2つの方法について，あちらが繁盛すればこちらで閑古鳥が鳴く商売敵のように考えて，とかくあら捜しをしてきた。なるほど，どちらも十分便利とはいえない。同時通訳でも，うまくやろうとすれば事前の入念な打ち合わせが必要だし，機械翻訳でも今のところ前編集や後編集で手を加えなければ使い物にならない。しかし逆に考えれば，それだけのことで平等さが確保されるのである。

⑥**同時通訳**でのコミュニケーション
　通訳の仕事は，**逐語通訳**と同時通訳に大別できるが，今や同時通訳も十分実用に耐えるレベルにある。国際会議などでも，事前に自分の意見や話そうとする内容の概要を通訳者に伝えておけば，見事な同時通訳が期待できる。むしろ課題は通訳という仕事の重要性が認識されていないことである。待遇にしても，高度な専門職の割には，他と比べてかなり悪い。専門家としての身分の保障も不十分である。

　弱小な民族も含めて，すべての人が平等に国際コミュニケーションに参加する権利を保障するには，国家を超えたレベルで優秀な通訳者を多数確保する必要がある。そのためには，国際的な中立機関に通訳を養成派遣する機能をもたせ，国内外を問わず複数言語で重要事項を公式に話し合う際には，その機関が

無料で通訳を派遣できる体制を実現できないものだろうか。現在は利益を得る方が通訳費用を負担することになっているので、いつまでたっても弱者が不利な状況におかれてしまうのだ。

⑦**機械翻訳**でのコミュニケーション

　この文章を書いている1999年9月の時点で、市販のノートパソコンで通訳の機能が実現できる「日英双方向自動通訳ソフト」の開発に成功したと報じられている。5万語の語彙に対応し、自然な日本語でマイクに向かって話しかけるだけで、翻訳された英語が音声で出力される。英語から日本語への通訳も可能で、2000年中には製品化の予定とのことである。世の中がどんどん便利で楽になるのに、外国語習得だけがいつまでも実に面倒な努力の積み重ねを必要とするなら、人類はそこに英知を結集する。自動通訳の実現に向けた技術開発はまさに日進月歩で精力的に進められているのである。

　MT（＝機械翻訳）の歴史を振り返ってみると、2言語間の語句単位での置き換えを中心とする1950年代や60年代の"Direct System"から、入力された言語を分析し、転移規則を適用するソフトを使用する"Transfer System"を経て、80年代後半からは入力された言語を1度"interlingua（＝中間言語)"に置き換え、それから目標言語に直すという"Interlingual System"が主流になってきている。この方式なら、翻訳の対象となる言語がいくら増えても、ある言語を分析して中間言語に置き換えるソフトと、中間言語からその言語に直すソフトの2種類を用意すればいいからである。更に最近は記憶容量の巨大化を背景に、膨大な用法をデータベースとして併用することで翻訳精度を高めることもできるようになった。

　今回発表された通訳ソフトは、海外旅行でのさまざまな会話に対応しているとのことだが、そうした領域の限定なしに、どんな言葉でも同時通訳してしまうソフトの出現までには、さらに20年かかるとも、30年かかるともいわれている。気の長い話のようだが、かりに30年かかるとしても、例えば今英語を習い始めた中学生が、責任のある仕事を任される40歳台に入った頃である。外国を訪れた彼らが、簡単な挨拶を現地の言葉で交わしてから、複雑な商談になると、やおら小型のワイヤレスマイクを襟元につけて日本語で話し始めると、高性能コンピューターを介してほぼ同時に手元の小型スピーカーから現地語が

出てくるというのは，もはやＳＦではない。バベルの塔以来の人類の悲願は，21世紀に確実にかなえられようとしているのである。

＊　　＊　　＊

　以上見てきたように，国際コミュニケーションにおいて便利さと平等をどう両立させるかは，人類が直面している大きな課題の１つである。特に先進国の中で，インド・ヨーロッパ語族ではない言語を使う唯一の国日本が，言語についてどういう立場を取るかは，他の非英語圏の国々の**言語政策**に大きな影響を与えることであろう。強大な英語にへりくだって，母語である日本語を軽視するようなことは避けたいものである。

　しかし，だからといって外国学習が不必要だということにはならない。次章で詳しく扱うが，外国語の学習は，特に日本人にとって，とりわけ重要なのである。自らの言語と思考の幅を豊かに広げるために，あるいは世界の舞台で思う存分活躍するために自ら進んで外国語を学ぶことと，国際コミュニケーションで英語の使用を強制されることは，別の次元の問題なのだ。

　英語支配への反発は，とかく英語を母語とする人たちへの敵対心や感情的な**国粋主義**に短絡しがちである。しかし，誰に強制されたわけでもなく，自ら進んで英語を溢れさせておいて，今になって英語支配に抗議するのは筋違いだともいえる。英語が圧倒的に使われているという現実を認めたうえで，これからどういう場面で，どういう言語を使うかを，まず私達自身が主体的に選択することから始めなければならない。そしてその一方で，英語母語話者たちに根気強く言語における平等を訴え，不平等な状況の改善に向けて彼らの理解と共感を得るのでなければ，単に独りよがりの現実離れした反抗で終わってしまうことだろう。いわば英語支配の不当性を英語で訴えるというもどかしさにも耐え得るような，柔軟で強靭な知性だけが，世界の共感を勝ち取ることができるのだ。

キーワード：性差　敬語　国際コミュニケーション　日本語教育　母語　第二言語　言語差別　エスペラント　同時通訳　機械翻訳　英語支配　言語政策

課題

①現在流行している若者言葉を例に挙げて，それが好んで使われている理由を考えなさい。

②日本語に見られる性差による表現の違いを，今後どうするべきだと思いますか。

③日本語の敬語を，今後どうするべきだと思いますか。

④中学や高校で学ぶ「国語」を「日本語」と呼ぶべきだと主張する人がいますが，あなたはどう思いますか。

⑤上に挙げた国際コミュニケーションの7つの方法について，あなたはどれを選びたいですか。その理由を述べなさい。

⑥キーワードのすべてを用いて，800字程度にこの章を要約しなさい。

もっと学びたい人のために

この章で扱った内容に関連した学問分野は，全般的には「社会言語学」で，もう少し狭い分野に限定すれば，社会生活での言葉の機能に焦点を当てた「語用論」，複数の言語を使用する際の問題を扱う「二言語併用（Bilingualism）」，政府などが行う言語の改革や普及を扱う「言語政策」などがある。

田中春美・田中幸子編　1996　「社会言語学への招待」ミネルヴァ書房：社会言語学の研究分野全般について分かりやすく説明した入門書。

東　照二　1997　「社会言語学入門」研究社：新しい知見を盛り込みながら社会言語学を面白く紹介する解説書。

大石俊一　1997　「英語帝国主義論」近代文芸社：英語の普及を英語帝国主義としてとらえ，英語支配をどうするかを考える。

三浦信孝編　1997　「多言語主義とは何か」藤原書店：多言語主義をめぐって，さまざまな角度から19名の識者が意見を述べる。

7章
言語と教育

―― **この章のねらい** ――

昔から学校で教えることの基本は「読み・書き・ソロバン」といわれてきた。言葉を聞いたり話したりすることは学校で習わなくてもできたので，これだけ勉強すれば，とりあえず生活で困ることはなかった。それでは，21世紀の日本人には，言葉についてどんな内容を，どんな方法で教えるべきなのだろうか。

1 言語の何を教えるべきか

　言葉の教育で母語を教えることが中心になるのは言うまでもない。母語に対する理解を深め、母語に対する誇りをもたせることが、言語教育の根幹でなければならない。例えば筆者は、日本語という母語を使っている時に、完全な「私」でありうる。筆者の**アイデンティティー**とは、何よりもまず、日本語を使って思考し、コミュニケーションをする存在であるということだ。母語を奪われ、不自由な外国語を強制された途端、人は矮小化され、場違いな発言をする子どものようになってしまう。ましてその外国語が母語よりも優れたものであると誤解していると、自分という存在自体が劣ったものに思え、完璧に思える相手に対して、緊張と恥ずかしさで金縛りの状態になってしまい、社会の責任ある構成員として機能する自信も機会も奪われてしまう。母語の使用を当然の権利として認められ、母語に対する誇りを教えられてこそ、他の言語を母語とする人と全く対等な立場で、気楽に外国語が使えるのである。

2 なぜ外国語を学ぶ必要があるのか

　それでは私たちは、母語以外に、なぜ外国語を学ぶ必要があるのだろうか。言うまでもなく日本は、ほとんど単一言語・単一民族という、世界でも珍しい部類に入る国である。教室で周りを見渡してみても、たいてい同じ皮膚の色で、同じ目の色の日本人ばかりだ。ところがそれがアメリカの教室なら、白人も、黒人も、東洋人もいて、ありとあらゆる皮膚の色、目の色、髪の色が混在しているのが普通だ。日本の教室をそのままアメリカの学校に移し替えると、全員が同じで薄気味悪いクラスという感じさえするだろう。

　日本人は小さな頃から同質のものに囲まれて暮らしながら、日本語をしゃべり、日本文化の価値観をもち、日本人の生活様式で暮らすのが、いわば世間一般の常識だという感覚を育てていく。ところが世界には実に多種多様な言語、民族が存在している。特に先進国に限ってみると、その中では日本が常識どこ

ろか，むしろ異質な存在なのである。例えば毎年開かれる**サミット**（主要先進国首脳者会議）の報道写真で，日本の首相だけがいつも異質に見えるは，**コーカソイド**（白色人種系の人）の中に1人だけ**モンゴロイド**（黄色人種系の人）が入っているからである。言葉についても，日本語以外はすべて**インド・ヨーロッパ語族**という同じ系統の言葉である。いわば英語の親戚の言葉ばかりなので，雑談も英語でするのが普通だ。日本語だけは残りの人の言葉とは何の関係もない異質な言葉なのである。地理的にも，欧米から見れば日本だけが遠く離れた地の果ての国で，アメリカでは日本の辺りを"the Far East"（極東）と呼ぶ。文化的にも，例えば日本以外の国はほとんどキリスト教の影響を強く受けているが，日本はどんな宗教を信じているのかはっきりしない。

　それでいながら日本は，平和と貿易がなければ，つまり世界の人たちとの協調や交流がなければ一刻も生きていけない都市国家でもある。こうした日本が，ますますグローバル化する21世紀に先進国としてうまく世界の中で機能していくためには，異質な人たちの中にうまく溶け込み，異質な人たちをうまく迎え入れることが何よりも大切だということは，多くの識者が口を揃えて強調している。だとすれば，異質なものに触れさせ，異質なものと仲良く共生できるようにする教育は，まさに義務教育の柱として今後ますます重視しなければならない。

　異質なものに触れさせる教科としてもっとも有効なのは外国語である。音楽でも絵画でも，外国のものはそれなりに異質な要素があるが，だからといって理解できないというほどでもない。ところが未知の外国語を喋る人と対面すると，最初のひと言からさっぱり分からないのである。しかしその外国語を学び始めると，少しずつ言っていることが理解できるようになり，その外国語を口にしてみると，その人の思考や気持に共感できるようになり，やがてその人がずいぶん身近な人に思えてくる。また異質なその言語と，背景にある異質な文化を学ぶことで，今度は自分の母語と自分の文化を，客観的にとらえ直してより深く理解できるようにもなる。外国語を知らないと，本当の意味で母語を知ることもできないのである。

　こうした「内容」中心の外国語教育は，学校ですべての若者に与えるべきであるが，もう1つの「技能」を中心とする外国語教育は，選択科目として無学

年集中コースで与えるべきである。どれほどの技能をつけるかは本人の選択に任せるべきだ。その理由は，まず特定な外国語の学習だけを全員に強制すべきではないこと。つまり日本を，特定な外国語ができなければ生きていけないような不幸な国にしてはいけないことである。そして習得しようという意欲のない者に技能を強制するのは教師，生徒双方にとって時間と労力の無駄でしかないことである。だとすると，このコースは必ずしも学校内に設置する必要はない。一定量の授業については希望者全員が無料で受講できることを前提に，地域の誰もが，いつからでも学べる教室として，小学生が高校生や大学生と一緒に学んでもよいのだ。

　そうすると，図7-1のような**教育課程**の編成が1例として考えられる。この例では，必修科目として与える内容を厳選し，午前中の学校で学習を済ませてしまう。今まで試験の前に丸暗記しただけで後に何も残らなかったような知識は，結局無用の長物に過ぎなかった。そして午後は学校以外にも，地域のセンターに集まって，あるいは自宅のマルチメディアを利用して，音楽でも，陶芸でも，コンピュータでも，英語でも，韓国・朝鮮語でも，自分が好きな分野で，思う存分学んで能力を高めればいい。どんな子どもでも努力して練習さえすればプロ野球の選手になれるとは誰も思っていないのに，知的な能力を伸ばす点では，すべての生徒にすべてのこと押しつけ，しかもすべてのことで高い得点を期待してきたのだ。

必　　　修 (学　校)				選　　択 (学校，センター，自宅)			
<言語教育> 母　　　語 外　国　語 異文化理解 言語と社会 言語と脳	<国際教育> 国際理解 国際協力 国際平和 人　　権 環　　境	<その他の教育> ・　・　・ ・　・　・ ・　・　・ ・　・　・ ・　・　・	高校 中学 小学校	外国語集中コース	情報処理コース	芸術コース	その他のコース

図7-1　教育課程編成の1例

3 日本人はなぜ外国語によるコミュニケーションが苦手か

「戦後日本はめざましい復興を遂げ，経済，科学など，ほとんどの分野で成功を収めたが，ただ1つ失敗した分野がある。それは英語教育である」などとよく言われる。確かに日本人は外国語が苦手だ。例えば，アメリカの大学などに留学を希望する人が受験する **TOEFL**（Test of English as a Foreign Language）の成績を見ても，1997年7月～1998年6月の受験者（146,439名）の平均点は，アジア26カ国中で最低（498点）であった（Educational Testing Service, 1998）。

では，日本人はなぜこんなに英語が苦手なのだろうか。その原因は，英語教育にあるというより，実は次のような3つの条件のせいなのだ。
1) 英語を実生活で使う機会がない。
2) 英語が使えなくても豊かで便利な暮らしができる。
3) 英語は日本語と全く系統が違う言語なので習得が困難だ。

まず最初の条件について，日本における英語の歴史を振り返ってみよう。面白いことに，日本と英語との関りはおよそ100年単位で大きく変わってきている。日本に初めて英語圏から人が来たのが，ちょうど1600年。William Adams（後に日本名，**三浦按針**）である。ただ彼が英語を教えたという記録はない。そこで日本での英語教育は，その後2世紀を経て，英国艦船**フェートン号**がオランダ国旗を掲げて長崎に入港して大騒ぎになった年の翌年，1809年から始まったとされる。幕府がそれまでオランダ語の通訳をしていた人たちに命じて英語も学ばせることにしたのである。先生は英語ができるオランダ人であった。つまり日本の英語教育はほぼ19世紀とともに始まり，やがて長崎や江戸を中心に徐々に普及していった。

1872年に学制が公布され，中学もできて英語が教えられ始めたが，最初は日本語で書かれた教科書がなかったので，英語以外の教科もほとんどが英語で書かれた教科書を使っていた。つまり，ほとんどの授業が英語の授業だったわけである。1876年に開校した札幌農学校（後の北海道大学）でも，翌年に開設された東京大学でも，英米から招かれた多くの学者が教鞭をとり，授業はほ

とんど英語で行われた。つまり当時のごく少数のエリートたちは学校生活の中で英語を使う時間が今より圧倒的に多く，学習内容を理解するためにどうしても英語を使わざるをえず，その点では生活の道具として英語を使うESL (English as a Second Language) の環境が確かに存在していたといえる。当時のそうした教育環境から，内村鑑三や新渡戸稲造，岡倉天心など，後に英語の達人といわれる人が育ったのも不思議ではない。

ただし，音声面では，もちろんラジオもテープもなかったので，外国人教師について学べるごく少数のエリート以外はお手上げの状態で，漢文を学ぶときと同じように，次のような**変則式**と呼ばれる返り点式訳読法で学ぶしかなかった（高梨ほか，1979）。

ヒー	ヘズ	ゴット	エ	ニウ	タッブ
He	has	got	a	new	tub.
彼ハ	タ	買ッ	新シキ	タライヲ	
一	五	四	二	三	

やがて20世紀になる頃には，英語以外のほとんどの科目で日本語の教科書が出そろい，大学にも日本人教師が増え，それにつれてESLの状況が姿を消し，現在のように，学校生活でも英語の授業以外には英語を使わないEFL (English as a Foreign Language) の環境になった。生活で使う「**第二言語**」ではなく，遠い外国の言葉，つまり「外国語」になったのである。終戦後は幾度となく「英語運用能力」が目標にはなったが，やはり実際に生活で英語を使う機会はなく，結局現実的な目標は入試に限られ，ゆっくりした訳読ができればいいという，EFL一色で20世紀は終わることになる。

2番目の条件については，周りの大人を思い浮かべてみればすぐに分かる。政治家でも，会社の社長でも，あるいは英語以外の科目の先生でも，自分の親でも，英語が自由に使える人はごく少数である。英語など使えなくても，日本では立派に暮らしていける。しかし，アジアの多くの国では事情が違う。特に昔，英語圏の国の**植民地**だったような国では，英語が公用語として長い間使われてきたので，エリート階級では英語が使えることが常識で，今でも**共通語**と

して英語が大きな力をもっている。こうした国では，英語が使えないとよい仕事につくことはできず，よい仕事につけないと収入が少ないので，子どもによい英語教育を与えることができない。つまり貧しい家庭の子どもは，結局大人になっても貧しいままでいるしかないという，悪循環が起こっている。

　ちなみに最初に話題にした**TOEFL**というテストで，アジアで最高点をとったのはシンガポール（603点），次にインド（581点），フィリピン（577点）と続くが，これらの国はすべて昔イギリスやアメリカの植民地であった。植民地になったこともなく北海道から沖縄まで日本語だけで通用する日本は，英語でコミュニケーションする能力がなくても，社会の構成員として立派に機能することができた。英語でしか手に入らない情報は，ゆっくり訳読することで消化できたので，聞いたり喋ったりすることはほとんど必要なかったのである。

　3番目の条件については，**語族**（family）という考え方を理解する必要がある。これはいくつかの言語が共通の祖先から発達したものとする考え方で，例えば，英語は**ゲルマン語**から発達したもので，兄弟にはオランダ語やドイツ語がある。そのゲルマン語の兄弟である**イタリック語**（ラテン語）の子どもには，フランス語，スペイン語，イタリア語などあり，これらの言語は英語のいとこにあたる。そしてこの一家の祖先は原インド・ヨーロッパ語なので，この大家族を**インド・ヨーロッパ語族**と呼ぶ。ところが日本語は，**韓国・朝鮮語**との類似点はあるが，他の言語との語族関係がまだはっきりしていない。親族関係が近ければ近いほど言語は似ているので，英語を母語とする人にとっては，ドイツ語やオランダ語を学ぶのはそれほど大変なことではないが，日本語を学ぶのは大変なのだ。同じことが日本語を母語とするわれわれにもいえる。韓国・朝鮮語などと比べれば，英語は習得がもっとも難しい言語の1つなのである。

　以上のような3つの条件がそろっていて，つまり，一歩教室を出れば，コミュニケーションの道具として英語など一切使わず，英語など使えなくても社長にも総理大臣にもなれ，まして英語そのものが日本人にとっては習得が一番難しい部類の外国語だとなれば，習得できる方がおかしい。事実，この3条件が揃った国で，全国民を対象とした外国語教育に成功した例など，筆者の知るかぎり世界広しといえどもどこにもない。20世紀に日本人が英語をしゃべれなかったのは，英語教育が悪かったせいではなく，当然なことだったのだ。

ところが，その20世紀が終わりに近づいた頃から，画期的な変化が起こって，20世紀とは全く違った21世紀の英語環境が生まれようとしている。つまり上に挙げた3つの条件がことごとく覆されてしまいそうなのだ。その変化とは，言うまでもなく，情報化とグローバル化の急速な進展である。

4 21世紀に英語環境はどのようにかわるのか

　20世紀最後の10年になって，日本の英語環境に画期的な変化が起こった。まず，上に挙げた第1の条件については，それまで長く続いた「外国語としての英語」（EFL）の環境に，**マルチメディア**の急速な発達で突然「**オンラインで使う第二言語としての英語**」（ESL Online）とでも呼ぶべき状況が生まれたのである。89年にBS放送が始まり，92年から始まったCS放送ではCNNが，更に94年からはBBCが24時間放送を開始した。まずこの時点で，英語圏の人たちが見ているさまざまな分野のテレビ番組を楽しむために，英語をInputの道具として毎日気軽に「使える」ようになった。さらに95年にはWindows 95が登場し，パソコンやインターネットが飛躍的に普及し始め，**E-mail**や**Chat**で実在する相手との**双方向コミュニケーション**を楽しむために，Outputの道具としても英語を実際に「使える」ようになったのである。そして96年にはデジタル衛星放送で新しい趣向の英語番組が始まる一方，音声や映像メディアとしての**インターネット**の実用化も進み，一層大きな可能性を予感させている。

　EFLの環境にありながら，マルチメディアを通してInputにもOutputにも英語がESLとして実際に「使える」ようになったことで，日本での英語学習はやっと念願の「直接的動機づけ」と「実際の状況」を手に入れることができた。

　まず新しく誕生した「直接的動機づけ」（direct motivation）とは，母語を習得する際の**動機づけ**に極めて近いものである。つまり，本物の双方向コミュニケーションで，英語でしかやり取りできない情報の理解や表現そのものを目標とし，相互作用（interaction）が成立したときの成就感や喜びや自信で強

化される動機づけである。　また，マルチメディアを通して豊富な「実際の状況」(situational context) を与えられることで，英語が状況と直接結びついて記憶されるために，状況に即した適切な理解や表現ができ，自分の言語表現や言語行動に自信がもて，それが英語使用への動機づけを高め，結果的に能力がさらに向上することになる。

　さらに，**学習過程**についても，マルチメディアの発達は従来とは全く逆の方法を可能にした。つまり従来は，下のように，まず教師が知識を与え，学習者はそれを記憶するだけでほぼ学習が終わり，練習することは少なく，まして使用することは皆無に近かった。

　　　　知識→記憶［→練習（→使用）］

ところがマルチメディアを利用することで，学習者はいきなり英語を使った本物のコミュニケーションから始められるようになった。学習者はマルチメディアで得られる貴重な情報を何とかして理解しようとしたり，外国に実在する相手にどうしても伝えたいことを E-mail に書こうとしたりして，適切な表現を教師に質問したり，どこからか見つけてくる。つまり，学習者はまず実際の「使用」から始め，それが実際には「練習」になる。その過程で「記憶」が蓄積され「知識」になっていることを意識しないまま，本人は，ただ意味のある双方向コミュニケーションを楽しんでいればいいのだ。

　　　　使用→練習［→記憶（→知識）］

　次に，20世紀に英語の習得を不可能にした2番目の条件も大きく変わろうとしている。1999年度から，トヨタでも松下電器でも **TOEIC** で一定の得点を取得しないと昇進できない制度が始まった。海外生産が急増し，国際的な提携が拡大するなど，経済活動が急速にグローバル化し，リアルタイムの国際コミュニケーションが日常化したためである。最新の情報にいち早くアクセスできるか否かで貧富の差が生まれる時代を迎え，**"The New Information Rich/Poor"** という言葉も誕生した。世界でもっとも広範囲に使用され，重要な情報を運ぶ

II部　言語とコミュニケーション

BOX 1

道具としての英語

　行く気になればいつでも行ける。そう思っているうちに，転勤になって，とうとう行かずじまいとなる。
　ワシントンで，首都計画委員会の広報部長，デービッド・ジュリヤンさんの話を聞いた時がそうだった。
　21世紀に向けて，米国の首都を遊歩道がいっぱいの町に改造する。人間優先の町づくりという計画を取材している途中で，彼がこういった。
　「もっとおもしろい話があるんだ。私が住んでいるフェアファクス（バージニア州）の小学校のことなんだが」
　それが，「イマージョン」という外国語習得法があることを知るきっかけだった。
　母国語に頼らず，外国語づけにする方法である。
　「息子を日本語の学級に入れているんだ。スペイン語もあるが，同じやるなら，英語とは全く異なる体系の語学の方が思考の幅が広がると思ってね」
　ただ日本語を学んでいるのではない，と彼はいった。
　理科と算数を日本語学級で日本語で勉強しているのが特徴という。
　一度見学に行ってみようと思いつつ，果たさなかった。
　それを思い出したのは，先月13日付の本紙に，「アメリカづきあい」の連載の1回目の写真として，その学校の日本語学級が登場したことによる。
　子どもたちが「ゆめ」という習字の作品を掲げて笑っている。
　その笑顔に誘われて，もう一つ思い出す。
　奈良女子大に留学したことのある英国人の若い母親が，やっと1歳になったばかりの息子をあやしながら，こういっていた。
　「育ち上がるまでに，人生を乗り切っていく道具をいくつ与えられるかが，親の責任というものだと思う」
　道具の筆頭に挙げたのが，外国語であった。この母親自身，フランス語，中国語，日本語を自由に使っていた。

　英語を使いこなせることが，日本でもさまざまな分野で豊かさの条件になろうとしているのである。
　さらに3番目の条件についても，マルチメディアの活用によって，英語の習得がずいぶん容易になろうとしている。例えば単語の意味にしても，ディスプレイ上の語句にカーソルを合わせてクリックするだけで瞬時に語彙が現れて，発音も聞ける。CD-ROM教材を使えば，自分の学力にぴったり合った教材と

「道具ねぇ」と、いま再び考え込む。
　それこそが、多くの日本人の英語学習、あるいは日本の英語教育に、もっとも欠けている考え方ではないか。
　英語そのものが目的になり、「英語道」という言葉が生まれる。人生を乗り切る道具意識をもつと、少し気楽になりはしないだろうか。
　フェアファクスの小学校で理科や算数を日本語で学ぶ子どもたちは、日本語は何かをするための道具だ、という考え方になじむだろう。
　いや応なしに英語を使う場に立つと、我ながらめんくらうことが多い。英語を学んだはずだ。あんなにやったじゃないか、という「学としての英語」「知識としての英語」が邪魔になって、容易に道具になってくれない。
　そういう身からすると、道具はこういう風に使うものだ、という手本を見せられると、うらやましさが先に立つ。
　昨年6月、ワシントンのナショナル・プレスクラブの昼食会に、フランスのジョスパン首相がやって来た。
　クラブの副会長の米人記者が司会役で、こんな風に紹介した。
　「ジョスパン氏についているレッテルは『左翼』です。しかし、彼が実際にやっている政策は、保守の前任者の時と変わらない。つまり、彼は現実主義者です」
　首相は、苦笑しつつ聞いている。司会役が付け加えた。
　「ジョスパン氏は学生時代、優秀なバスケットボールの選手で、米国だったらプロになっていたかもしれない」
　そこで登壇した首相は、こう切り出した。
　「確かに私はバスケットの選手だった」
　「しかし、今度の訪米がつい先日の全米プロリーグ決勝戦に間に合わなかったのは、私がそんなに現実主義者ではないことの証明です」
　ジョスパン氏はこの時、ずっと英語で通した。ただし、こう断わった。
　「米語はへたなので、英語でやります」
　そこには、米国の影響力に屈するかのような米語は、意地でも使わない。そんな気持ちがにじんでいた。

（出典）　岩村立郎　朝日新聞　1999年5月9日

進度で効率的な個別学習を進めることができる。それどころか、多種多様なマルチメディア教材を使えば、まるでアメリカの学校で学んでいるように、全ての科目について英語で学ぶこともできる。音声認識の性能が向上したお陰で、ディスプレイ上の人物と音声による疑似コミュニケーションを楽しみながら学習することもできる。もちろんチャットやテレビ会議で、実在する外国人といつでも好きなときに本物のコミュニケーションをすることもできるのだ。

5 英語教師には何が求められるのか

　言語教育の中核は，思考の道具として母語を十分に使いこなせるようにすることである。その基盤があってこそ，外国語教師は母語を他言語と比較対照して普遍的な言語の本質を理解させ，特定言語の特質とその背景文化に気づかせることができる。また，世界の現状を正しく把握し，バランスのとれた国際感覚を身に付けられるように，隣国の言語を始め，多くの言語について，背景文化も含めた基礎的な知識を幅広く与えて，**多言語・多文化共存**への意識を高めることも外国語教師の大切な役割である。更に社会と言語の関係をマクロな視点からとらえ，世界での言語衝突や言語支配の歴史と現状を客観的に把握させながら，言語における人権について考えさせ，使用言語を主体的に選択できるだけの見識も持たせたい。そのために，これからの英語教師は英米文学や英語学に偏らず，**日英対照言語学，社会言語学，心理言語学**などの分野を十分に勉強することで「ことば」についての造詣を深め，母語の素晴らしさと，世界の言語の豊かな多様性を熱く語れる「ことば」の教育者になってほしい。

　英語の技能習得については，学習者の心がけ次第で，いわば ESL Online という環境を容易に創出することができるようになったので，従来と比べてかなり容易になることだろう。それと並行して日本人英語教師も，技能のモデルというよりは，生徒の個別学習を容易にする支援者，もしくは学習方法などの相談にのる助言者としての役割が求められることだろう。いわば，生徒と対面してコミュニケーションをするよりは，生徒が外国人とコミュニケーションをしているときに，日本人として生徒の側に立ち，**情報リテラシー**を与えながら生徒の学習を支えるのである。

　若者を教える教師の目は常に未来に注がれていなければならない。若者は未来そのものだからである。教師の仕事はその未来に働きかけて未来を作ることであり，それがつまり教えるということなのだ。1986年，アメリカ初の民間人宇宙飛行士になるはずだった Christa McAuliffe は，宇宙船チャレンジャーの爆発で帰らぬ人となったが，彼女の教師としてのモットーは，今もそのまま多くの教師に受け継がれている。"I touch the future, I teach."

> **キーワード**：アイデンティティー　ESL　EFL　語族　マルチメディア　動機づけ

> **課題**
> ①小・中・高で受けてきた「国語」教育の内容と方法について，意見を述べなさい。
> ②中・高で受けてきた「英語」教育の内容と方法について，意見を述べなさい。
> ③マルチメディアの発達が外国語教育に与える影響について，意見を述べなさい。
> ④キーワードのすべてを用いて，800字程度にこの章を要約しなさい。

> **もっと学びたい人のために**

この章で扱った内容に関連した学問分野は，幅広く「応用言語学」と呼ばれるものに含まれる。「応用言語学」とは，文字通り言語学の研究成果を実際のさまざまな分野で応用しながら，独自の理論，方法を確立しようとするもので，「外国語（第二言語）習得・教育」を中心に，「対照分析」，「誤謬分析」，「言語障害」，更に最近では幅広く「社会言語学」や「心理言語学」，「神経言語学」までも含める傾向がある。

　佐伯胖他編　1996　「学びあう共同体」東京大学出版会：学校教育の理念を問い直し，学びの共同体として活性化するための提言。
　小池生夫監修　1994　「第二言語習得研究に基づく最新の英語教育」大修館書店：第二言語習得理論における研究成果を分かりやすく紹介した解説書。
　田崎清忠　1995　「現代英語教授法総覧」大修館書店：世界中で考案された28の教授法のそれぞれについて説明し，評価する。
　朝尾幸次郎他編　1996　「インターネットと英語教育」大修館書店：インターネットを利用した英語教育を多角的に提案する。

8章
言語と文化

この章のねらい

広義の「文化」とは,「人間が自然に手を加えて形成してきた物心両面の成果。衣食住をはじめ技術・学問・芸術・道徳・宗教・政治など生活形成の様式と内容を含む」(広辞苑)などと定義とされているが,ここでは言語の背後にある文化に絞って考える。つまり,お互いにそれを知っていないと相手の言語が十分理解できず,こちらの気持ちも十分伝えられないという文化,言い換えれば「ある集団が共有する価値観や規範の体系」と定義づけられるような文化である。

1 言語の背後にある文化とは

「吾輩は猫である」を英語にどう訳せばよいだろうか。「吾輩」は，男性が自分をさす言葉で，古風かつ尊大な響きと，少しふざけた雰囲気があるが，これにぴったりの英語はない。「猫」という言葉すら，どうしてもそのまま英語に置き換えることはできない。英語にしたいなら，"a cat" か，"cats" か，ともかく数をはっきりさせる必要がある。そこでこの文学作品は英語で "I am a Cat." と紹介される。ところがこれをもう1度そのまま日本語に置き換えると，「私は1匹の猫です」などという，間の抜けた題名になってしまう。

日本語と英語が，その背景文化も含めてお互いに異質であるということは，この「吾輩は猫である」と "I am a Cat." の隔たりを見ても分かる。「猫」と "a cat" の違いが主に言葉の異質さであるとすれば，「吾輩」と "I" の違いは，主に文化の異質さである。言葉の背後には，その文化特有の**価値観**があるのだ。

例えば，別れ際にアメリカ人の友人が日本人に "Take it easy." と言ったとする。辞書に載っている意味は「気楽にやれ，むきになるな」なので，そんなことを言われるとは，思い詰めているような印象を与えたのかなと日本人は考える。あるいは逆に，日本人がアメリカ人に「頑張ってね」と言うつもりで，"Work hard." と声をかけたとする。するとアメリカ人は怠けていたことを非難されたような，あるいはお説教されたような感じがして不愉快になる。これはどちらも相手の文化がわかっていないために生じた誤解である。アメリカ文化には，体の力を抜いてリラックスしていることがよいことだという価値観があり，日本文化には，それと全く逆に，体に力を入れて緊張している状態を望ましいとする価値観がある。アメリカ人も日本人も，しばらく会えない相手に望ましい状態でいてくださいと別れ際に願う気持ちは全く同じなのに，価値観が違うので，口に出す言葉が全く正反対になってしまうのだ。

文化，つまり集団が共有する価値観と言葉とのこうした関係を理解するのに，**文化変形規則**という考え方が役に立つ。深層の意図や状況は同じでも，それが表層の言葉や振る舞いとなって表れるまでに，おのおのの文化がもつ文化変形規則（Cultural Transformational Rule, 略称 CTR）によって変形されてし

まうという考え方である（松本，1994）。

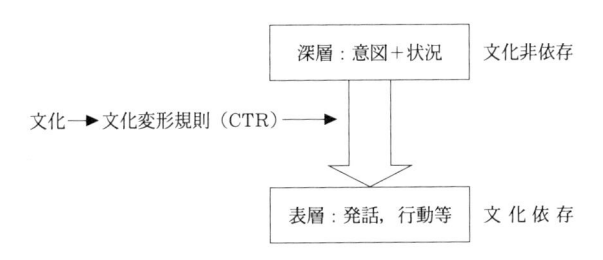

```
              ┌──────────────┐
              │深層：意図＋状況│  文化非依存
              └──────┬───────┘
文化→文化変形規則（CTR）→  │
              ┌──────▼───────┐
              │表層：発話，行動等│  文 化 依 存
              └──────────────┘
```

図 8-1　文化変形規則（CTR）の機能

　ある文化特有の価値観は，他の文化の価値観と比較対照することでその特徴が明らかになるので，日本文化にある価値観を理解するためには，例えばアメリカ文化と比べてみるのもいい。松本（1994）は，さまざまな意識調査や統計に基づいて日米の文化を比較し，次のように対照的な CTR を設定している。

CTR の志向

＜日　本＞　　　　＜アメリカ＞

① （畏れ多くてへりくだる）謙遜 ←→ 対等（親しく対等に振る舞う）
② （　　みんな一緒にする）集団 ←→ 個人（私一人でする　　　　）
③ （　　　　　甘え合う）依存 ←→ 自立（自立する　　　　　　）
④ （　　　　型通りにする）形式 ←→ 自由（自由にする　　　　　）
⑤ （　　　相手に合わせる）調和 ←→ 主張（自分を主張する　　　）
⑥ （　自然の流れに任せる）自然 ←→ 人為（状況を変える　　　　）
⑦ （　　　　　悲観する）悲観 ←→ 楽観（楽観する　　　　　　）
⑧ （　　　　力を入れる）緊張 ←→ 弛緩（力を抜く　　　　　　）

　こうした CTR は，その集団の中では当たり前のこととして，ほとんど常に無意識に適用され，それに反した言葉や行動は，その集団の他の構成員たちから失礼な言動，無教養の表れと受けとられる。そして自文化の CTR から外れたそうした言動が，他の文化の中では失礼でも無教養でもないことを知った時に，初めて自文化の CTR を意識的に，客観的にとらえることができるのである。

ただ，注意しなければならないのは，こうした規則は自然科学の法則のようなものとは違い，例外も多いので，単純な**ステレオタイプ**として決めつけてしまわないことである。日本人が全て謙遜だとは限らないし，アメリカでももちろん謙遜な人がいる。日本人より日本人らしいといわれているアメリカ人さえいる。それに人間の価値観は細かく分析すれば人によって千差万別で，しかも時々刻々と変化するものでもある。ここで取り上げる文化の特質とは，それぞれの集団に属する人たちが調査時に表明した価値観の全体的傾向に過ぎない。言い換えれば，調査によって異なるが，約60〜70％以上の人たちが同意したというだけで，「程度」の問題なのだ。しかし文化を共有する集団全体の価値観や傾向を語るときには，集団全体を巨視的にとらえる必要がある。「木を見て森を見ず」という言葉があるが，細かな差異にこだわっていると，確かに存在する集団の特質を見失ってしまうのだ。

2　文化の違いはどのように言語に表れるか

　言語と文化の結びつきの例として，上に挙げた8組の対照的な価値観が，それぞれの言語にどのように表れているかを見てみよう。念のために再度確認しておくが，以下で「アメリカ人は〜」，「日本人は〜」というのは，集団全体として見ると，どちらかといえばそういう傾向がある，という程のことである。
① （畏れ多くてへりくだる）謙遜 ⟷ 対等（親しく対等に振る舞う）
　日米とも相手をほめる点は同じだが，アメリカ人は日本人のように，私はダメですと謙遜はしない。アメリカでは，あなたも立派だが，私も立派だと考え，自分に誇りをもつことがいいこととされる。だから手紙などで，日本人が自分の家のことを「拙宅」，妻のことを「愚妻」，息子のことを「豚児」などと書くのを知ってアメリカ人は驚く。彼らは逆に著書の最初のページ全部を使って，"To my wife, Anita" とだけ書いたりする。日本人なら巻末の後書きに書き足すのがやっとである。英語で「のろける」に当たる言葉がないのも，欧米ではそれが当たり前なので，特別な言葉が要らないからである。日本では，こうした行為は「ぬけぬけと〜」とか「恥ずかしげもなく〜」と受け止められ，い

わばルール違反になるので，やはりこの「のろける」という言葉が必要である。

　先生に向かって「あなたはどちらに住んでいるんですか」と聞けないことを知ると，アメリカ人は驚く。英語なら，相手が大統領だろうが子どもだろうが"Where do you live?"でいい。日本では相手が上で私が下と考える基本的なルールがあるので，この「あなた」は使える範囲が意外に狭い。「あなた」の代りに，相手が私より上だということを示す語を，いろいろ使い分ける。「先生／社長さん／先輩／はどちらにお住まいですか」という具合だ。呼びかけるときも，自分より上だということを示す言葉は使えるが，その逆は使えない。「先生！」「先輩！」「社長！」「お兄ちゃん！」「お姉ちゃん！」などとは言えても，「生徒！」「後輩！」「社員！」「弟！」「妹！」とは呼びかけない。

② （みんな一緒にする）集団 ⟷ 個人（私1人でする）

　日本では長い間ほぼ同質の人が，移動せず，和を大切に集団生活を営んできた。自分が生活している閉鎖的小集団が極めて大切なのだ。逆にアメリカでは，開拓時代の孤立無援な環境が個人として生きる姿勢を育て，異質なもの同士，お互いの違いを尊重しようとする態度が生まれた。"privacy"という英語が日本語にならないのも，日本文化の中には，こういう概念が存在しなかったためである。

　英語の授業などでは，「すみません」の英訳として"I am sorry."を教える。それは間違いではないが，この2つの表現はかなりニュアンスが違う。「すみません」は，「これですむと思うか」に対する「すまない」の丁寧な表現だ。このままではすまないという，相手との人間関係を意識した言葉である。だから何かしてもらったり，金品をもらったりした時も，こんなことをしてもらって，このままにはできません，というつもりで「すみません」と言う。物事や自分の気持が決着しないで相手に借りが出来たような気持の表現なのだ。ところが英語の"I am sorry."は，感謝では使わない。なぜなら，"sorry"の方は「痛い（sore）」が元の意味で，自分自身の心の中の痛みを表現しているからである。だから謝罪以外に後悔や同情にも使われる。謝罪を表す点で，「すみません」と"I'm sorry."が対応するといっても，相手との人間関係に力点を置くか，個人としての自分の心の表現に力点を置くかの違いがあるのだ。

③ （甘え合う）依存 ⟷ 自立（自立する）

日本文化には，「人」という字が示すように，お互いに寄りかかって依存しようとする傾向がある。アメリカ文化では，"human"の「H」のように，2人は自立していて，コミュニケーションのために細い線だけで結ばれている。

紹介されたときなどに「よろしくお願いします」というのは頻繁に聞く挨拶だが，この常套句は英語に直すことができない。強いて直訳すれば"Please be nice to me."だが，英語でこんなことを言うと，いかにも相手が意地悪そうなので頼んだような感じがして，かえって失礼である。日本では助けてもらうことが当たり前だが，アメリカでは，基本的に助けを求めないのだ。

店員がお客さんに言う"May I help you?"を英語の授業では「いらっしゃいませ」と訳している。辞書には，道に迷った様子の人などにかける言葉としても使う，などと書いてある。その場合は「どうなさいましたか」である。「いらっしゃいませ」とはあまりに違うではないか。その疑問を解く鍵は，"help"と「助ける」という言葉の背後にある価値観の相違である。前者の背後には自立，つまり"help yourself"を善しとする文化があり，後者の背後には依存，つまり"help each other"を善しとする文化がある。店に入ってきた客でも，道に迷っている人でも，基本的には，"help yourself"がルールなので，それに反して，プライバシーを侵害してまで，救いの手を差し伸べようとする時には，"May I help you?"と，相手の許可を求めなければならないのだ。日本語で文字通り「助けていいですか」と声をかけると奇妙なのは，日本ではお互いに依存して助け合うのが当たり前で，「助ける」ことはよいことに決まっているからである。

④　（型通りにする）形式 ⟷ 自由（自由にする）

同じ場所で，同じ集団で，同じことをくり返してきた日本人は，伝統的な形式を重視する。一方アメリカ人は"form（=「型」）"は自由を損なうものと考え，型にとらわれない"informal"な状態を理想とする。

日本人は「行ってきます」，「行ってらっしゃい」，「ただいま」，「お帰り」，「頂きます」，「ごちそうさま」などという定型表現を頻繁に使う。こうした表現をちゃんと使えるのが教養の表われであり，若者にそれを要求するする年配者も多い。しかし英語にはこうした決りきった表現はない。

手紙にしても，日本では用件の前に挨拶を書くのが普通だ。能率重視のはず

の商用文でも、「春陽の候，貴社ますますご清栄のこととお喜び申し上げます」などという前文が必要とされる。ところがこれを英語で書くと，全くおかしな手紙になる。今が春だというようなことは言われなくても分かっているし，不景気で会社の業績が落ちているかもしれないのに，勝手に清栄と決めつけて，そのうえそれを喜んでいるのだ。日本の本屋には，こうした手紙の書き方とか，スピーチの仕方といった，いわば言葉遣いの「型」を教える本がズラリと並んでいるが，アメリカの本屋にはほとんどない。代りに並んでいるのは，ジョーク集である。

⑤ （相手に合わせる）調和 ⟷ 主張（自分を主張する）

日本人は小集団の中で相手や周りの人たちに合わせようとする傾向が強い。他人とうまくやっていくには本音を隠して建前を言うことも大切だ。しかしアメリカ人は，相手と対立してでも自分をはっきり主張しようとする。

日本人同士の会話で，相手に「君とは考え方が違う」とはっきり言われてしまったら，気まずい関係になってしまう。ところが英語で "Your ideas are different from mine." と言われても気にすることはない。これだけなら文字通り「意見の相違点が分かった」という意味で，特に悪い意味はない。違う人間が，違う意見をもっているのは当然のことなのである。英語の "aggressive" も，「攻撃的」ということで，日本語にすると嫌なニュアンスがあるが，英語では必ずしもそうとは限らない。仕事を遂行する上で攻撃的でなければならない場合も多いので，そういう文脈で使われるときは，"He is respected as a very aggressive and competitive executive." などのように，ほめる感じで使われることもある。

⑥ （自然の流れに任せる）自然 ⟷ 人為（状況を変える）

稲作文化の長い歴史をもつ日本人は，自然の力を痛感していて，自然に逆らわず，自然の流れに任せようとする。一方新大陸にわたり，自然に手を加えて住みよい環境に変える開拓で国家を築いたアメリカ人は，主体的に状況を変えようとする気持が強い。「人」が主人公なのである。

日本語では小学校に入学した子どもに親が「友だちできた？」ときく。「うん，○○君と友だちになったよ」と子どもが言う。この「できる」とか「なる」は，どうも自然現象のように聞こえる。ニキビが「できる」とか，春に「なる」

のは，人間には止められない自然現象だ。ところが英語では，"I made friends with a new boy at school today."（きょう学校で新入生と友だちになったよ）などと，"make"を使う。行為の主体は人間で，私が状況を変えられるのである。

⑦ （悲観する）悲観 ⟷ 楽観（楽観する）

　自然が時に大きな災害をもたらすように，全てが無常で，突然の不幸は人生につきものだと日本人は悲観的に考える。逆にできるだけ楽観的に考えようとするアメリカ人は，楽しくない人生など生きるに値しないと考える。

　英語では初対面の相手に "I'm pleased to meet you." などと言い，別れ際も "Nice talking to you." などという。金曜日に別れる時にも "Have a nice weekend！" と声をかけたりして喜びや楽しさをしきりに強調する。旅に出る人にも "Have a nice trip！" と微笑みかける。ところが年配の日本人はそうは言わない。「どうぞご無事で」と，どことなく暗い。試験の結果が発表される前などによく使われる「どうせ」という日本語も悲観的な響きがあるが，この言葉に対応する英語はない。

　英語と比べると，日本語には否定形が多い。芝生に「立入禁止」，扉に「使用禁止」，玄関に「土足禁止」と書いてあったりする。英語ではそんな時，ふつう否定形を避けて "Keep Off." とか "Use the other door." とか "Use these slippers." とか書いてある。

⑧ （力を入れる）緊張 ⟷ 弛緩（力を抜く）

　大事なときに体に力を入れて緊張するのが日本ではよいこととされる。ある学生の小学校時代，校長先生のお気に入りの話は『徒然草』にある「高名の木登り」という話だったそうだ。もう少しで地上に着く高さまで降りて来て，気が緩んだときが一番危ない。常に気を抜かずに用心せよという戒めを何度も聞かされて，緊張が大切だという意識が染みついてしまったという。一方アメリカ人は，大事な時こそリラックスして体の力を抜くのがいいと考える。就職の面接試験などの様子を比べてみても，日本人は緊張して姿勢を正して椅子に座り，手は膝の上に置いたままで，表情の変化もあまりないが，アメリカ人はリラックスした姿勢で腰かけ，脚を組んだりしながら，表情豊かにジェスチャーを交えて自分を売り込もうとする。

1996年の大統領選挙でクリントン大統領に敗れたドール候補は，ガッカリした支持者が集まっている会場に姿を見せて，開口一番こう言った。"I was just thinking on the way down in the elevator. Tomorrow will be the first day in my life I don't have anything to do." これで会場にどっと笑いが起こったが，日本で同じようなことが考えられるだろうか。敗れた候補者はまず何よりも真面目な表情で支援者への感謝を述べ，自分の非力を詫びて頭を深々と下げることだろう。そんなときに冗談を言ったのでは，不真面目な態度として反感を買うだけだからである。

3　異文化コミュニケーションではどんな問題が起こるか

　石井（1997）は，異文化コミュニケーションの過程を図8-2のようなモデルで説明している。

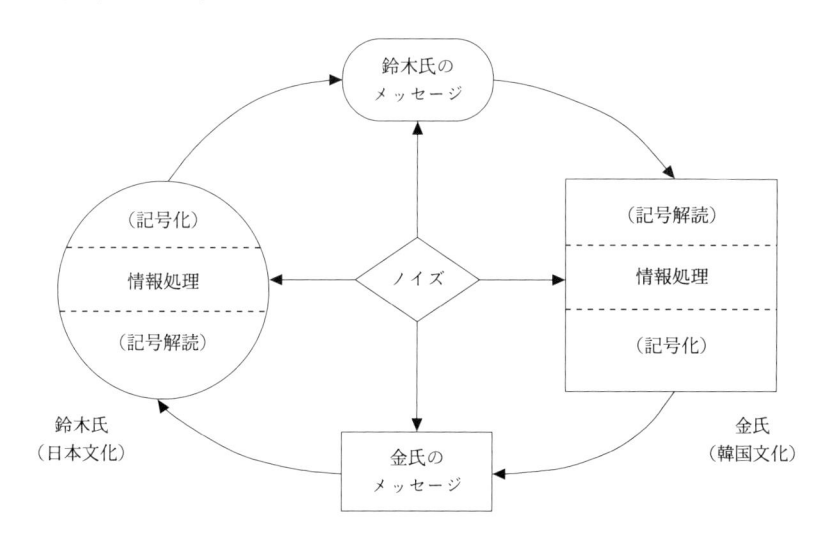

図8-2　異文化コミュニケーション・モデル（石井，1997）

この図では，鈴木氏の送り出すメッセージが日本文化の影響を受けており，金氏のそれが韓国文化の影響を受けていることが，それぞれ楕円形，長方形の違いで表されている。そして，両者の**記号解読**，**記号化**という**情報処理**の過程，そしてメッセージそのものに**ノイズ**が加わっている。このノイズとは，文字通りの騒音だけでなく，その他の外的な障害物に加えて心理的な問題，生理的な問題など，コミュニケーション活動の障害となるもの全てを意味している。

この図で，例えば鈴木氏は金氏から送られた長方形のメッセージを知覚し，解読・整理・記憶の情報処理を行い，今度は自分が発信したい情報を楕円形のメッセージとして記号化する。金氏も同じように，鈴木氏から受け取った楕円形のメッセージに対して長方形のメッセージを発信する。異文化コミュニケーションの難しさとは，情報そのものというよりは，むしろ，この基本的な形の違いによるものである。私たちはとかく情報そのものに気を取られて，こうした形の違いを予想せず，したがって認識もしない。

確かに，異なる価値観をもった者同士のコミュニケーションがうまくいかないということは，なにも異文化間に限ったことではない。同じ日本文化を共有する日本人同士でも，考え方が違うと摩擦や衝突があるのは日常経験することである。しかし同じ文化を共有する場合は，いわば同じ物差し（上の図でいえば情報の形）でお互いを判断し，評価することができる。ところが異文化コミュニケーションにおいては，前項の日米文化の比較で見てきたように，物差しそのものが違うので，その異質さを認識していないと，自分の文化の物差しを当てて評価するための誤解や，相手の物差しが分からないための不安，緊張などがさまざまな摩擦や衝突を生み出すのである。

日本人による現実の異文化コミュニケーションは，相手の文化によって摩擦や衝突の内容が異なる。異質さを認識していない未知な文化については，上述のような理由でさまざまな問題を引き起こすが，アメリカ文化のように，既に多くの先入観を持っている文化の場合は，また別の行き違いが生まれることになる。例えばアメリカの大学生688名と日本の大学生477名に対して行った西田（1989）の調査は，次のような3つの行き違いを明らかにしている。

①日本人は日本の**コミュニケーション・ルール**はアメリカ人には通じないと思い込んでいる。

②日本人はアメリカ人が日本のコミュニケーション・ルールから著しく逸脱した行動（日本人の間では強く非難されるような行動）をとっても,「アメリカ人だから」と許す傾向が強い。
③アメリカ人から非常に好意的, あるいは非常に批判的に受け取られるようなアメリカ人の行動を, 日本人の間では,「アメリカ人としては普通の言動」ととらえる傾向が強い。

例えば交通事故を起こした場合, アメリカ人は一言の「ごめんなさい」も言わないとよくいわれる。日本なら, たとえ被害者に過失があったような場合でも, 加害者は病院に見舞いに行くのが普通だ。そういう日本人の態度を理解できないアメリカ人について感想を求めたところ, 当のアメリカ人の方が日本人よりもはるかに批判的にとらえていた。

あるいは, まず最初に自分の下手な英語を謝まり, 内容について謙遜してから英語のスピーチを始めた日本人を非難するアメリカ人については, 非難されても仕方がないという日本人が半数を占めたが, アメリカ人は7割が誤解している, 非難しすぎだと答えた。

つまり日米の異文化コミュニケーションにおいては, お互いの文化についての無知というよりは, 日本人がアメリカ人に対して対等な意識をもてないことが多くの問題を引き起こしている。知識のみならず, 異質なものに対する姿勢も, 極めて大切な要素なのだ。

4 異文化コミュニケーション能力とは

それでは, 異文化をもった人と, うまくコミュニケーションを進めていく能力とはどのようなものだろうか。まず, 異文化と限らず, 一般的なコミュニケーション能力が基本になければならない。それは人間関係を築き, それを維持発展させる能力や, その際に求められるさまざまな人格的要素である。その上で, 異文化に対する豊富で正確な知識と, 自分の母語・文化への肯定的なイメージに基づいたアイデンティティをもっていること, そしてどんな異文化に対しても対等な意識をもち, 心を開けることである。そして多くの場合, 意思疎通の

BOX 8　異文化対処力の要素

カルチュラル・アウェアネス

1) **自文化(自己への理解)**
- 自分の国の文化の理解
- 自己概念
- セルフ・モニタリング

2) **非自民族中心主義**
- 非自民族中心主義
- 自民族中心主義による偏見をもたない
- 相手国の現地人に対する尊敬

3) **外国文化への興味**
- 相手国の文化の理解
- 相手国民への興味
- 相手国の文化に対する関心
- 外国文化への興味
- 地域社会への関心
- 好奇心が強い
- 現地人との協調性

4) **感受性**
- 感受性
- 異文化間的な感受性
- 文化面においての感受性
- 情緒の安定
- 気分転換の手段を持っている
- 感情移入
- 他人に対する配慮
- 他人に対する感受性
- 共感性
- 文化的共感性

5) **寛容性**
- トーレランス
- 心理的ストレスに対処する力
- 曖昧性に耐える事

6) **柔軟性**
- 柔軟性
- 異文化(習慣・食事)への適応性
- 厳格でない事
- 判断しない事
- 順応性

7) **オープンネス**
- 解放性
- 開かれた考え方
- 行動を規範など自分の価値で分類しない
- 受容

自己調整能力

(出典)　山岸みどり・井下理・渡辺文夫　1992　「異文化間能力測定の試み」現代のエスプリ No.299, p.210. 至文堂

ための外国語運用能力が求められることは言うまでもない。

　グローバル化が更に進む21世紀を生きる地球市民にとって，多言語・多文化共生の理想を実現するためにも，こうした異文化コミュニケーション能力はますます大切なものになることだろう。

状況調整能力

8）コミュニケーション
・対話能力
・語学ができる
・言語能力
・システム発見の能力
・説得力がある
・非言語的言語の感覚
・意思疎通への積極性
・自分の意見を批判されても冷静に耳を傾ける

9）対人関係
・対人関係を確立し維持する能力
・人間関係の構築
・社交性（友人を作る力）
・人の話を聞く
・人間関係の状況の正確な判断
・複雑な対人関係の理解力

10）マネージメント
・経営能力
・管理能力
・仕事をする能力
・マネージャーとしての手腕
・外交的手腕／機転がきく
・トラブル処理能力
・外交能力／戦術
・相互作用の管理
・イニシアティブ
・社会的信用を高めることができる能力
・組織能力

11）判断力
・客観的判断力
・特定状況での反応
・代替案を作り出す能力

12）知的能力
・知識
・知的興味
・敏感な知性
・観察力
・見えないシステムを見つける力
・パターン認識力
・システム発見の能力

キーワード：文化　価値観　文化変形規則（CTR）　ステレオタイプ　異文化コミュニケーション　異文化コミュニケーション能力

課題

① 「文化」という言葉の様々な定義を調べて分類しなさい。

② 上に挙げた8組のCTRについて、あなたが実際に経験した例を挙げて考えを述べなさい。

③ 日本文化は21世紀にどのように変わっていくべきか、考えを述べなさい。

④ 上に紹介した西田氏の調査結果について、考えを述べなさい。

⑤ キーワードのすべてを用いて、800字程度にこの章を要約しなさい。

もっと学びたい人のために

この章で扱った内容に関連した学問分野としては、複数の文化を比較対照する「比較文化論」、文化の違う人たちの間のコミュニケーションを考える「異文化(間)コミュニケーション」などがある。

金山宣夫　1977-1983　「比較生活文化事典①-⑤」大修館書店：同じ項目について、世界各国の生活文化を幅広く比較対照したもの。

松本青也　1994　「日米文化の特質」研究社：日米文化の違いを豊富な実例と調査資料をもとに体系化している。

本名信行他編　1994　「異文化理解とコミュニケーション」三修社：第1巻は「言葉と文化」、第2巻は「人間と組織」で、多数の著者がさまざまな角度からこの問題を考察している。

石井　敏他編　1997　「異文化コミュニケーション・ハンドブック」有斐閣：異文化コミュニケーションの全般にわたり、26人の著者が分かりやすく解説している。

Ⅲ部

ビジネスとコミュニケーション

9 章
職場の活性化とコミュニケーション

この章のねらい

企業が組織目標を達成するこためには，組織と人との意思を結合し目標を達成するための職場内の円滑なコミュニケーションが必要である。しかし職場環境の変化に伴い，職場内の円滑なコミュニケーションが難しくなりつつあり，組織人には，ホウ・レン・ソウの手法を用いた円滑なコミュニケーターとしての機能が求められている。わが国の企業がし烈な企業競争に勝ち抜き活性化を図る手段として企画・提案制度があるが，その円滑な実施にあたっても事前協議，根回しによる関係者間のコミュニケーションが重要である。

1 職場におけるコミュニケーションの意義

1 組織活動と職場におけるコミュニケーションの意義

　組織活動は，**職場のコミュニケーション**による相互理解と協力により共通の目標を達成することを目指している。このため，組織は効率的な目標達成のために，個人レベル，グループレベル，組織レベル，対内的，対外的といったさまざまな局面における，正確で迅速なコミュニケーションが維持できる仕組みをもつことが必要である。この仕組みが健全に機能しなくなると，組織は，各レベル間のコミュニケーションが無秩序に絡み合うカオスの状態に陥ってしまう（若林，1993）。

　組織内の各レベルの相互理解と協力により共通目標を達成するこために，組織と人との意思を結合し，目標をよりダイナミックに達成する過程がコミュニケーションである。

　コミュニケーションには，文書，通信，意見を伝達するという意味があるが，この他にもコミュニケーションには，意見を交換し合う，相互に理解し合うことに意義がある。

　したがって，一方的な「上意下達」にかたよってはならず，「下意上達」を常にともなう，相互に理解と協調のあるコミュニケーションでなければならない。仕事の成果は，職場におけるコミュニケーションのよしあしで決まるものであり，組織内，組織間で，自由活発な意見交換や論議が行なわれるべきである。

　コミュニケーションは，たとえていえば，組織体を循環する血管のようなものであり，このコミュニケーションのパイプが詰まると，人体と同じように動脈硬化を起こして，組織は死に至ることになろう。

　組織は共通の目標達成のための人間の集合体であり，目標は組織内のメンバーの分業と分担で行なわれるが，組織が有効に機能するには，メンバー間でその目標に対する正確な理解と密接な連携が必要である。

2 　職場環境の変化と人間関係

　国際化，企業のボーダーレス化，高度情報化が一段とすすみ，国民の大半が中流意識をもつ今日では，職場を運命共同体ととらえ，就業時間終了後も職場の仲間とつきあう会社人間的な考え方が変化し，若年層を中心に，職場を生活の手段と割り切り，職場外に自己実現の機会や人間関係を求める個性的人間への変化がみられる。

　会社人間とは，企業への忠誠心がすべてに優先し，仕事のためには私生活を犠牲にすることもいとわず，体制への帰属心が強く，上司の命令はすべて受入れ，指示された内容以上の成果をあげるよう努める仕事本位の人間をいう。

　一方個性的人間は，まず個人への忠誠心を優先するため，仕事のために私生活を犠牲にするといった考えはもたず，体制に組みこまれることを本意としないため，上司の指示についても納得づくで行動するといった特徴があり，企業への帰属意識も低い。総理府が行った「勤労と生活に関する世論調査」でみても，ここ数年間で若年層から中年層にかけて転職志向が増加している（図9-1）。

　また，転職に関する意識について，「自分の能力や適性が発揮できるのならば転職してもよいとする」との回答割合から，「多少の不満があっても，1つの会社や職場で，できるだけ長く働くのがよい」とするとの回答割合を差し引いたものを「転職志向DⅠ」と定義して，87年と95年の動向をみてみると，男女とも年齢を問わず増大している。逆にいえば，同一の会社に長く勤続したいとする志向は低下している。そのことは，とくに20代，30代で顕著である（国民生活白書　平成10年版）。

　会社人間は，終身雇用・年功序列などの労働慣行に由来し，個人と企業は運命共同体であるとの考え方から生まれたものである。しかし，今後の企業は国際的・社会的に貢献する開かれた集団として，また個性的人間の自己実現をサポートする役割を果たすことが大切となろう。

　また，企業の合理化・効率化により仕事が規格化され，職場・仕事が分業により専門化したため，個人が仕事の一部分を担当することとなるため，全体としての仕事の達成感，充実感が得られずストレスの高まりから，無気力感や孤

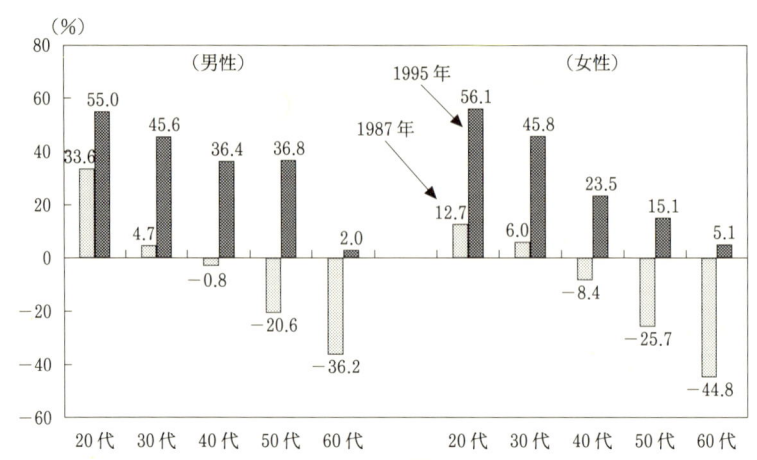

(備考) 1. 総理府「勤労と生活に関する世論調査」(1987年),「今後の新しい働き方に関する世論調査」(1995年) により作成。
2. 転職 (転業を含む) に関する考え方のうち,「自分の能力や適性が発揮できるならば,転職してもよい」との回答割合から「多少の不満があっても,1つの会社や職場で,できるだけ長く働くのがよい」との回答割合を差し引いたもの。

図9-1 20～30代を中心に増大している転職志向 (転職志向DI)
経済企画庁編「国民生活白書」(平成10年版)

独感におちいる人が増えている。

　現代の社会は人と人とのコミュニケーションで成り立っている。人間は,集団の協力関係の中でしか生きられない社会的動物である。われわれが,人生や職場を円滑にそして有意義に過ごすためには,よい人間関係の維持と相互協力が欠かせない。

　職場は,さまざまな性格や考え方を持った人間の集団である。よい人間関係はこれらの人々がお互いを尊重しあい相互理解が進むことにより形成されていく。管理者には,部下の能力,性格の違いなどをよく把握し,コミュニケーションを円滑に進めるためのパイプ役としての機能が求められている。

3 職場のコミュニケーションの問題点

　コミュニケーションは,組織のメンバー間の連携を深め,それぞれの活動を調整し,組織としての統一性とチームワークを発揮させるための重要な要素と

いえよう。しかし，現実はなかなか理論通りにはいかないのが，人の世の常でもある。

人間は十人十色といわれるが，年齢，性格，信条，価値観，生活環境，地位の相違などがその考え方に大きく影響し，これが意思疎通のネックとなることが多い。以下，具体的に職場のコミュニケーションの問題点を例記しておこう。

①仲のよくない者同士間では，十分なコミュニケーションが図られず，通りいっぺんな対応に終始することが多い。

②相手に対し，固定観念，先入観を抱くときには，素直に相手を受けとめられず，誤解が生まれやすい。

③話し手のあいまいな表現や聞き手の理解力不足により誤解が生まれやすい。

④当事者の立場や価値観の相違により，解釈の相違が発生する。

さらに，上司と部下との間のコミュニケーションがうまくいかない理由・問題点には何があるのだろうか。以下，上司の立場と問題点，部下の立場と問題点を整理したのが表9-1である。

表9-1 職場のコミュニケーションの問題点

上司の立場と問題点	①日常的にコミュニケーションに関する心遣いが足らず，「職務上の権限と責任の範囲」に関する認識や「部下に対する配慮」が不足している。 ②上司が部下に必要な情報を与えず，組織目標や組織の課題への理解を妨げている。 ③上意下達はあるが，下意上達が不十分である。 ④部下の立場・状況を考えないまま，一方的に情報を伝える。 ⑤上司の関心度の低い情報については，部下へ伝えなかったり，また上司の主観で情報をゆがめて伝える。
部下の立場と問題点	①自分の将来を考えて，上司の意に反する発言や質問を敬遠する。 ②自己保身のために都合のよい情報のみ伝え，不利な情報を伝えなかったり，歪曲して伝えたりするため，上司に正確な情報が伝わらない。 ③忙しいことを口実に，上司に対して十分に報告を行わない。

BOX 9

急いてはことをし損じる

　遠慮がちな性格というのは直すのが難しいのでしょうか。そういう人は，会社の上司に自分の意見を言いそびれがちです。

　慎み深いのは長所でもありますが，言うべきことを言わずに済ませていたのでは，何もプラスになりません。せっかく神様から口をもらったのですから，自分の考えを発言しないのはもったいないじゃありませんか。

　たしかに，目上の相手に自分の意見を言ったり，何か新しい提案を持ちかけたりするのは難しいものです。そう簡単に「イエス」と言ってもらえるとは思えません。

　上司の前で黙り込んでしまうのも，単に遠慮しているというよりは「言っても無駄だろう」という気持ちが先に立つからではありませんか？　もしかすると，あなたの上司はとりわけ聞く耳を持っていないタイプなのかもしれませんね。

　だからといって，ただ上司の指示にしたがって黙々と仕事をしていればいいというものではありません。上司と部下の関係は，命令―服従の単純な上下関係ではないのです。

　最終的に決断するのは上司ですし，それに責任を負うのも上司の役目ですが，そこまでの過程においては部下の意見も積極的に吸い上げる。それをまとめるのが上司の仕事でしょう。上司とて万能ではないのですから，自分とは別の視点から意見を言ってくれる部下の存在を，いつも必要としているものです。

　ただ上司には先輩としてのプライドもありますし，何でもかんでも部下の意見にしたがっていては部署内の秩序も保てなくなる恐れがある。簡単に「イエス」と言わないのはそのためでしょう。けれど，たとえ相手が頑固者でも，あなたが最初から諦めていたら，その頑固さを揺さぶることもできません。

　では，自分の意見を言うために心がけるべきことは何でしょうか。

　まず大切なのは，結果を急がないこと。一度で相手に話を聞いてもらおうと思ってはいけません。上司に聞く耳を持ってもらうには，それなりに時間をかける必要があります。

　もし自分の意見が頭から拒絶されたら，そこでしつこく食い下がるのは得策ではないでしょう。ひとまず，「そうですか。いけませんか」と引き下がったほうがいい。でも，それはあくまでも一時的撤退です。

　そして翌日，再びトライするのです。

（出典）　樋口廣太郎　1998　「だいじょうぶ！　必ず流れは変わる」　講談社

一般的に，組織においては，直属の上司を飛び越えて，部下がその上の上司と直接コミュニケーションを行うことは歓迎されない。直属の上司は，組織内を流れる情報を統御するコミュニケーション・チャネルの役割を果たしており，彼の上層部に届くべき情報の取捨選択を行っている（ロジャース，1985）。情報を取捨選択することにより，情報の負荷が過大となることを防ぎ，組織内のコミュニケーションが円滑に行われるようになる。

2 管理者と職場のコミュニケーション

1 管理者の役割

　企業はこれまで，過去の延長線的な発想で企業の将来を展望することができたが，これからはそうはいかなくなってきている。昨日までの経営上の最重要項目が，今日のそれではなくなってきているからである。過去の延長線上で将来を展望していると，方向を見誤ることになりかねない。企業をとりまく経営環境の変化を正確にとらえ，それにともなって企業の向かうべき方向を的確に予測していかなければ，激しい企業間競争を勝ち抜いていくことはできない。

　企業間競争が激化すれば，それに伴っていろいろな経営課題が生み出されてくる。これらの課題を解決していくには，経営者の力だけでは難しい状況になってきている。管理者は経営組織上の要として，経営者を強力に補佐し問題解決にチャレンジしていかなくてはならない。そして，組織目標を達成するために組織を動かすのが**管理者の役割**である。

　企業組織は，一般に，経営者層である**トップマネジメント**，管理者層である**ミドルマネジメント**，監督者層である**ロワーマネジメント**，一般職員層からなっている。より具体的には，トップマネジメントとは，社長，専務，常務，取締役といった上級管理者のことをいい，ミドルマネジメントとは工場長，部長，課長，支店長などの管理者層をいう。ロワーマネジメントとは職長，班長，係長，主任などの監督者層のことであり，一般職員層とは，一般職員，作業員のことである（図9-2）。

　管理者とは，ミドルマネジメントとロワーマネジメントの双方を指し，その

経営者層	社長・専務 常務・取締役	(トップ・マネジメント)
管理者層	工場長・部長・部次長・室長 支店長・所長　課長・次長	(ミドル・マネジメント)
監督者層	職長・班長・組長 係長・主任	(ロワー・マネジメント)
一般職員層	一般作業員 一般職員	

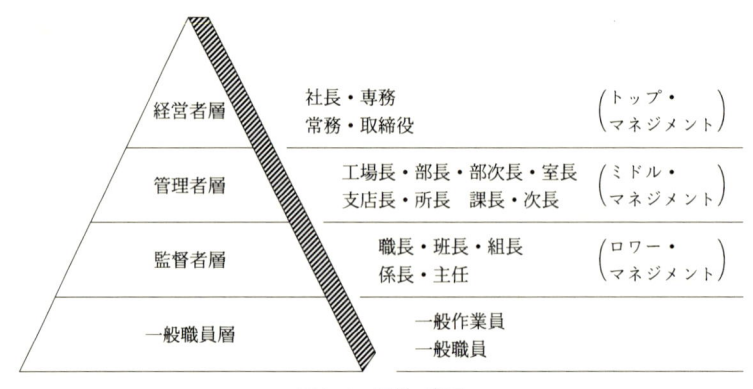

図9-2　経営の階層

役割は，人・モノ・金・情報などの経営資源を効率的に活用し，組織目標を達成することである。経営の機能からこれをみると，経営者層の職務は組織目標の検討とその決定に対して重点がおかれているのに対して，一般職員層についてはその円滑な実施に重点がおかれている。管理者は，その中間に位置し組織目標の決定に対して，その円滑な遂行のための準備・計画に重要な役割を果たしている（川名，1997）。

　管理者は以下のように行動することが求められる。
　①組織目標を明確にし，達成のための具体的な諸活動を決定する。
　②目標達成に必要なチームを構築し，人員を配置する。
　③人員の間にコミュニケーションを確保し，各人が十分力を発揮できるような動機づけを行う。
　④仕事の内容に応じた，各人の業績の分析と評価を行う。
　⑤仕事を通じて，部下の能力開発，人材の育成に努める。

　管理者は，経営者が決定した組織目標や計画にもとづいて，それらの重点施策を，部門方針，計画，目標などに具体的に展開していかなければならない。そのために，第一線の一般職員層との双方向のコミュニケーションにより，一般社員・作業員を円滑に動かすという役割を担っている。

2 管理者に求められるコミュニケーション能力

　管理者に求められる能力の第1は，上司，同僚，部下とのコミュニケーション能力である。まず上司に対しては，管理者は自身が入手した情報のうち，上司の業務遂行に役立つと思われるものを積極的に提供していくことが必要である。必要な情報としては，社外動向として，業界の動向，ライバル他社の動向，製品・技術の動向，需給・市場動向などがあり，社内動向として，業績の動向，クレームの動向，社員の士気などがある。また，管理者は経営全体の視野から何が問題なのか，それに対してどう対処すべきかについて，自ら企画・立案し上司に意見具申をすべきである。

　次に同僚に対しては，管理者はつねに協力し合う責任がある。協力とは，良好なコミュニケーションを維持し，力を合わせて問題解決に努力していくことである。たとえば企業の1部門の業績が低迷したり，問題が発生した場合に，部門や担当の枠をこえた全社的な協力により問題解決がスムーズに行われることが多いからである。すなわち管理者は，自部門だけでなく企業全体の管理者であるとの認識をもつことが大切である。

　さらに部下に対しては，管理者は部下の能力を伸ばし，目標の達成に参加させ，達成のよろこびを味あわせることである。し烈な企業間競争に勝ち残るには，従業員1人ひとりが企業の組織目標，経営理念を十分に理解し，その目標達成に参加することに誇りと意義を感じ，自身の職務・役割を認識することが大事である。この上位下達と下意上達による双方向のコミュニケーションを図ることが，管理者に課せられた役割である（国富，1993）。

3 ホウ・レン・ソウと根回しによる職場コミュニケーションの推進

1 ホウ・レン・ソウ（報告・連絡・相談）

　ホウ・レン・ソウとは，報告・連絡・相談のことである。報告（ホウ）とは，職務上の事柄に関して，その経過や結果などを関係者に正確に，簡潔に，かつタイムリー知らせることをいう。命令・指示・依頼に対する結果報告と，報告

者本人が必要と考えたことを自発的に報告するものがある。

連絡（レン）は，報告と似ているが，自分の意見はつけ加えず，簡単な事実情報を関係者に知らせることをいう。

相談（ソウ）は，自分で調査したが経験不足でよくわからない事柄などについて，上司，先輩，同僚に相談し参考意見を求めることをいう。また，上司の命令・指示が不明確で判断に迷うようなとき，方向，進路について再確認することなどをいう。

組織というのは，なんらかの役割を果たすために，複数の人間が集まって共同で作業するところである。各人がばらばらに作業していたのでは，本来の役割を果たすことができない。上司と部下間，関連する部署間の連携プレーが不可欠であり，その基本がホウ・レン・ソウである。

たとえば，営業部門の仕事は，事務部門，管理部門との連携プレーによって，はじめて1つの仕事として完結することができる。いいかえれば，営業部門の仕事であっても，事務部門，管理部門との連携を欠いてしまうと，事故・トラブルにつながり，最終的に営業担当者は顧客の信頼を失うことにつながりかねない。

ホウ・レン・ソウは，仕事が終わりしだい迅速に行われることが必要であり，タイミングを失すると報告自体の価値がなくなってしまう。また，報告は，命令を受けた者が命令者に対して直接おこなうのが原則である。

ホウ・レン・ソウは，内容を整理して事実を簡潔・正確に行い，自分の意見と混同しないことが大切である。長期にわたる仕事，状況変化が激しく，当初の目標の達成が困難なときや，新たに上司の判断を仰がなくてはならないときなどに，中間報告をするのも必要である。

とくに顧客情報については時間が勝負であり，人事異動，家族の祝い事から訃報まで，情報を入手したらすぐに関係者に連絡することが必要である。自分の判断で，これはささいな情報だから，と勝手な判断をしないことが大切で，その情報がなかったために商談に失敗することにもつながりかねない。

さらに，ミスやクレームなどの悪い情報の報告も早めに行うことが肝心である。担当者レベルで解決できなくても，報告が早めであれば，上司の段階で解決できることが多い。担当者レベルで解決しようとして報告を怠った場合には，

事態がどんどん悪くなることが一般的であるので注意が必要である。

2　事前協議と根回し

　組織には、過去の価値観・慣習・利害などのしがらみがある。そのため、企業内で摩擦なく円滑に仕事をするには、従来通りのやり方をよしとしてしまうところがある。しかし、経営環境は時々刻々変化しており、従来のやり方を踏襲していたのでは、し烈な企業競争にうち勝っていくことは難しい。

　企業の古い殻を破り、新しい組織に脱皮して行くことが、企業競争にうち勝つためにも是非とも必要である。さいわいにして、わが国の企業には、企画・提案制度がある。企画書・提案書は、企業にとってその未来を示唆する重要な書類である。なぜならそれらは、新商品開発のプロジェクトであったり、経営効率化のために有効な職場改善の提案であったりするからである。したがって、よい企画書・提案書の採用・実現に積極的な企業は、つねに組織の改善・改良に努める企業であるといえる。

　企画および提案を行うのは、一般的に若手の初級管理者であり、彼らが何をどう立案できるかの能力が問われている。ここで注意しなければならないことは、企画・提案には**事前協議**と**根回し**が欠かせないということである。とくに、他部門と関連する事業企画や全社的な行事企画などの場合は、参加する人たちへの配慮を欠くと、せっかくの企画も成り立たなくなる。企画をまとめる段階での関係者への事前協議と根回しが必要である。

　事前協議とは、正式な稟議書による決裁をうける前に決裁者、関係者に事前の了解を取りつけることである。事前協議の意味は、担当者がなぜこのプロジェクトを推進したいのか、組織としてどういうメリットがあるのか、また案件の最大損失予想額を事前に吟味し、キーパーソンの了解を事前に得ておくという意味がある。加えて、組織内にこれまで蓄積された案件の成功事例や失敗事例を関係者からヒヤリングし、案件の失敗の可能性を低下させるという目的がある。

　事前協議は、基本的には、稟議書の決裁ルートに関係する人びとが参加することになり、稟議書による社内の最終決裁の段階に入るまでの事前準備である。事前協議により正式稟議へのゴーサインが出たことになるが、その前に、もう

少し範囲を広げた関係者に対する根回しが同時に必要となる。

　根回しとは植木職人から出たことばで，大木の移植に際して，根がよくつくように事前に準備することが必要であり，それにより根がよくつくという意味である。それと同様に，新しい企画や提案を行う場合は，事前に関係者にその内容をよく説明し，先方の意見もよく聞いて，事前に了解を取り付けておくことが必要であるとの意味に使われるようになったものである。

　日本人社会においては，ものごとを進める場合に，この習慣を忘れると思わぬ障害に合う場合があるので注意が必要である。本来会議とは，出席者がその場において提出された案件を議論するべき場であるが，長い間この根回しの習慣が定着しているわが国においては，事前に案件を知らされなかったことで疎外されたと感じる人が多い。特に他の人に案件が事前に知らされていた場合，感情的なしこりから，案件に非協力的な態度をとらせることにもなる。

　また，根回しに際しては，企画案についての意見を各部署から事前に聞く機会ともなるので相手の意見をよく聞き，必要な場合には企画案に織り込んでいくなどの配慮も必要となろう。

3　稟議書により最終的に決定される

　稟議制度は日本企業に独特のものであるといわれているが，稟議書により案件が最終的に社内で決定される。各企業によって，稟議書には決裁のランクがあって，社長決裁のもの，経営会議決裁のもの，部長決裁のもの，課長決裁のものなど，案件の重要度に応じて決裁のランクはさまざまである。

　ランクは様々であるが，企業においては，現実に何を実施するにしても，上司または上部決裁機関の決裁をあおぐことが必要であり，決裁＝承認を得て実行することになっている。

実際には，稟議書は形式的なものであって，事前協議や会議によって実質的に決まっていることが多いため，稟議書はむしろ企業の保管用の書類となっているケースも多いといえよう。

> キーワード：職場のコミュニケーション　管理者の役割　ホウ・レン・ソウ（報告・連絡・相談）　事前協議　根回し　稟議制度

課　題

次のそれぞれについて，200字程度で説明しなさい。
　①ホウ・レン・ソウとは何か。
　②根回しとは何か。
　③事前協議とは何か。
　④稟議精度とは何か。

もっと学びたい人のために

田坂広志　1999　「なぜ日本企業では情報共有化が進まないのか」東洋経済新報社：管理職と職場のコミュニケーションに関して起こりうる問題を理解するのに最適の書。

10 章
職場における人材育成とコミュニケーション

--- この章のねらい ---

日本的経営の見直しが求められているが,日本の製造業のOJTによる人材育成のシステムは世界に誇るべきものがあり,われわれは今この時期に,見直すべきものと,維持・存続させていかなくてはならにものを峻別していくことが大切である。企業に属する一員としては,企画・提案制度を有効に活用し,自分の意思を十分に組織に伝え,最終的には,仕事を通じての社会的貢献と自己実現を果たすことを目指すべきであろう。人材の育成と組織内の良好なコミュニケーションは,組織や事業に変革をもたらし,組織を活性化させる力となりうるものである。

1 経営環境の変化と人材育成

1　求められる日本的経営の見直し

　経営環境の変化により，**日本的経営**の見直しが求められている。**終身雇用制度，年功序列制賃金，企業内組合**を特徴とした日本的経営は，右肩上がりの経済成長期においてきわめて有効に機能してきたが，バブルの崩壊と低成長経済への移行に伴い，その有効性に疑問が投げかけられるようになっている。

　日本経済の構造的な変化に伴い，企業経営と密接にリンクしてきた人事制度のあり方が見直され，環境に適応した人事システムの構築が急がれている。人事評価については，従来の経験重視の方式が見直され，一定の期間内にどれだけの成果をあげたか，によって評価が決まる実績重視の評価方式にシフトしていくことになろう。

　終身雇用制の変化に伴い，人の採用も企業のニーズに合わせ，必要なときに必要な専門知識をもつ人材を確保する，という方式も進展していくことになろう。1998年に経済企画庁が行った「企業行動に関するアンケート調査」によると，大企業を中心に年俸制などの賃金制度の導入の動きがみられる。また「中途採用の実施」「人材派遣の受入れ」などの割合が高くなっており，新規学卒採用以外の雇用制度を導入しようとする企業側の動きがうかがえる（図10-1）。

　また，年功序列的な雇用慣行や長期雇用に対する意識が，とくに若年層の男性において変化が生じることに伴い，個人にも新しい働きかたが求められる。それは企業に依存することをやめ，自己啓発等により，これまで勤めてきた会社の外でも通用するような技術，技能を身につけることであり，それは個人にとっては雇用に関するリスクを減少させることでもある（図10-2）。

　総理府の1982，1995年の世論調査により，年功賃金中心の賃金制度から個人の能力を中心の賃金制度に切り替えることについて意識の変化をみると「好ましい傾向だと思う」と答えた割合は，男女年齢別にみていずれも増加しており，能力中心の賃金制度が受け入れられる社会的な風土が定着しつつある（国民経済白書　平成10年版）。

　また，これまで，いわゆるホワイトカラーといわれる職種は，原則的にいろ

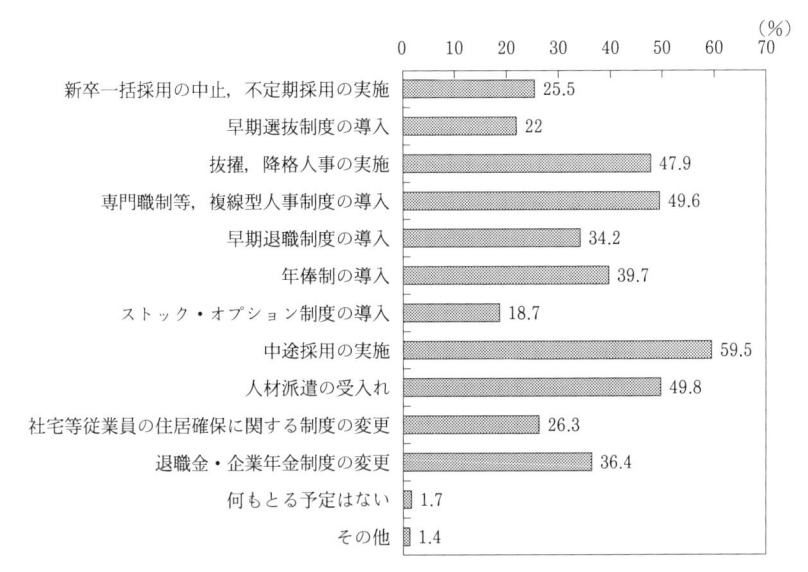

10章 職場における人材育成とコミュニケーション

項目	割合(%)
新卒一括採用の中止,不定期採用の実施	25.5
早期選抜制度の導入	22
抜擢,降格人事の実施	47.9
専門職制等,複線型人事制度の導入	49.6
早期退職制度の導入	34.2
年俸制の導入	39.7
ストック・オプション制度の導入	18.7
中途採用の実施	59.5
人材派遣の受入れ	49.8
社宅等従業員の住居確保に関する制度の変更	26.3
退職金・企業年金制度の変更	36.4
何もとる予定はない	1.7
その他	1.4

(備考) 1. 経済企画庁「企業行動に関するアンケート調査」(1998年)により作成。
2. 今後5年間に行うことを検討している雇用方針に関する質問への回答(複数回答)。
3. 回答企業は1,268社。

図10-1 今後中途採用の実施,人材派遣の受入れを予定する企業が多い
経済企画庁編「国民生活白書」(平成10年版)

いろな職場を経験し,ゼネラリストとして育てられてきたが,企業のダウンサイジングと分社化の動きにより,今後はスペシャリストの育成を重視したものへと流れが変化していこう。

わが国においては,戦前・戦後をとおして,早く西欧の文明に追いつき,経済発展と豊かな暮らしを実現するねらいから,必要な知識を覚え込ませる教育方式がとられてきた。学校教育においても画一的な知識習得型の学習が中心で,職場教育もいわばこの延長線上にあったが,わが国が進めてきた大量生産・大量供給という工業化社会の実現によくマッチした教育方法であったといえる。

しかし,国際化や情報化が進展,価値観が多様化した今日においては,画一的に覚え込ませる教育方式ではなく,1人ひとりの人間性や個性を尊重し,その長所を伸ばすことが大切になってきている。とくに,暗記学習的なやり方ではなく,ものを考え,創造する能力を養成する職場教育・人材開発の視点が大

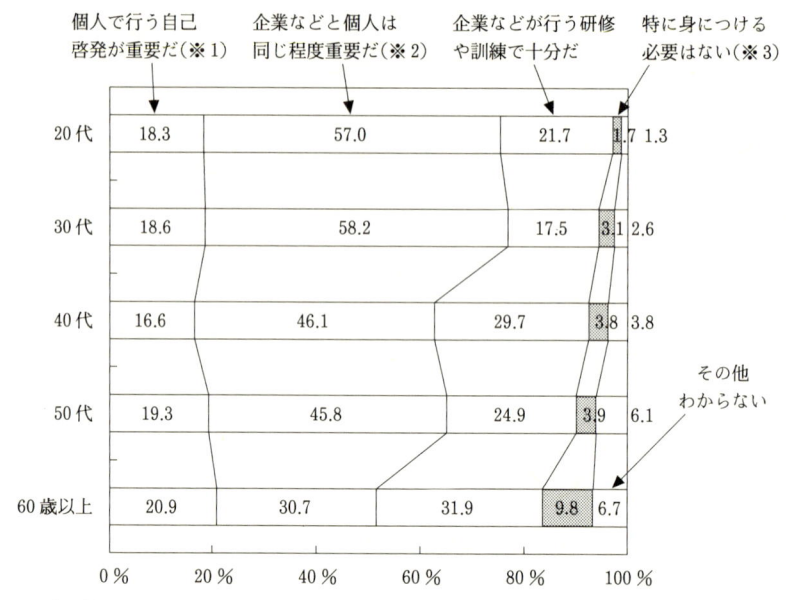

156　III部　ビジネスとコミュニケーション

	個人で行う自己啓発が重要だ（※1）	企業などと個人は同じ程度重要だ（※2）	企業などが行う研修や訓練で十分だ	特に身につける必要はない（※3）	その他・わからない
20代	18.3	57.0	21.7	1.7	1.3
30代	18.6	58.2	17.5	3.1	2.6
40代	16.6	46.1	29.7	3.8	3.8
50代	19.3	45.8	24.9	3.9	6.1
60歳以上	20.9	30.7	31.9	9.8	6.7

（備考）1. 総理府「今後の新しい働き方に関する世論調査」（1995年）により作成。
　　　　2.「あなたは，仕事に対する知識や能力，技能などを身につける方法についてどのようにお考えですか（回答は1つ）。」に対する回答。
　　　　3. ※1は「企業などが行う研修や訓練よりも，個人で行う自己啓発が重要だ」，※2は「企業などが行う研修や訓練と個人で行う自己啓発は，同じ程度に重要だ」，※3「特に，研修や訓練，自己啓発などにより知識や能力，技能などを身につける必要はない」をそれぞれ略したもの。
　　　　4. 回答者は被傭者。

　　図10-2　若年層ほど企業内訓練と同程度に自己啓発を重視する割合は高い
　　　　　　経済企画庁編「国民生活白書」（平成10年版）

切となってこよう。
　終身雇用と年功序列制を前提とした会社人間から，独自の専門分野をもち，社内外に通じるスペシャリストへと自己変革をして，企業の新分野進出，転職，出向などに対処すべき時代が到来したといえる。
　しかし，バブル経済の崩壊により露呈した日本的経営の問題点は，金融の自由化の進展の中で，大企業が銀行借入からの依存度を低下させ，資金調達のウェイトを直接金融にシフトしたために，メインバンク（主力銀行）の監視が行きとどかなくなったこと，また，先進5カ国首脳によるプラザ合意（1985年9

月）以降の超金融緩和期に，銀行が不健全な不動産融資を増大させたことによるものであり，あわせて，銀行行動を監視する立場にあった監督官庁が，銀行の行動を監視することができなかったことがその要因であった。

　米国では，個人投資家が，ミューチュアル・ファンドや年金基金などの機関投資家に資金を預け，機関投資家が企業の株主となり，役員の派遣等を通じた**企業統治（コーポレート・ガバナンス）**により，企業の役員による不適当な設備投資や，非効率な不動産投資に歯止めをかける役割を果たしている。日本では，これまで企業行動の監視役となってきた銀行が，大企業という顧客を失ったことにより大口貸出先を失い，これを補完するために，不健全な不動産投資の案件に融資を集中していったが，この銀行の行動を監視・牽制するシステムがなかったことがわが国における最大の問題なのであって，これまで良好なパフォーマンスを誇った日本的経営のすべてが間違っていたと悲観するのは，オーバーリアクションではないだろうか。

　現在，人材育成についての議論のキーワードは，**労働市場における流動化**と**社会的資格**の2つであると言われている。すなわち，人は1企業にとどまるのでなく，いろいろな企業を経験し，それにより経験が豊富になり，変化に対応する能力が養われることになるという議論である。そのためには，1企業にしか通用しない技能ではなくて，社会的に通用する技能を形成し，それを表示する社会的な資格制度の確立が必要だという議論である。企業の過剰設備と過剰雇用の中で，そうした考え方が定着していくのはむしろ自然な流れであろう。

　しかし，日本的経営，とくに日本の製造業のOJTによる人材育成のシステムは世界に誇るべきものがあり，われわれは今この時期に，見直すべきものと，維持・存続させていかなくてはならぬものを，きちんと峻別していくことが大切である。労働市場における新しい時代の流れを受け入れることは大切なことではあるが，一方で，日本の製造業のOJTによる人材育成のシステムは，維持・存続しかつ発展させていかなくてはならない制度であるといえよう。

　日本の職場においては，OJTによる知的な熟練により，生産ラインがスムーズに運行されている。しかし，一見単純で画一的なくりかえし作業に見える自動車の量産組立ラインでも，事前にはわからないいろいろな状況の変化や問題が日々発生している。たとえば，あるラインで不良品が発生したとしても，熟

練した人が考えれば原因を解明でき，不良品の再発が防がれる。

　一方で，経験不足の人が対応すれば原因がわからず，その間不良品が生産され続けるため，職場の効率が悪化する。職場内での問題状況の変化に対応する能力は，**職場の流動化**によって解決される問題ではない。同業他社間の人材の移動であれば，類似した問題の解決手法が類推できるかもしれないが，現実のラインは各企業ごとに異なっており，企業内における人材の活用の方が，はるかに効率のよい結果をうみだす可能性が高い。

　社会的な資格の取得は大いに意義のあることであるが，社会的に通用する資格を確立するには，社会的に統一した試験が欠かせない。それには，その内容が，たとえば物理学の教科書のように標準化されていなければならないが，企業活動に必要とされる技量のレベルは，それらの資格で対応できる範囲をこえている。日々，教科書の範囲を超えた，不確実性の高い業務に取り組まざるを得ず，これをOJTにより越えてきたところに，日本的経営が海外から高く評価されてきた理由があったといえよう（小松，1997）。

2　職場教育の基本はOJT

1　職場教育の種類

　職場教育には，実務訓練（**OJT**：on the job training），研修コースによる訓練（**Off-JT**：off the job training），および自己啓発の3種類がある。この中でも，職場教育の基本はなんといってもOJTである。OJTは上司や先輩が部下や後輩に対して，日常の仕事の場を通して，仕事に必要な知識や技能，態度などを実務に即して，実践的・計画的に指導・育成することをいう。職場教育の方法としてもっとも幅広く用いられている方法である。

　ア）OJTの特徴

　OJTの特徴としてあげられるのは，OJTを受ける個々の労働者が，実際に実務について技能を高める実務訓練であるという点である。いいかえれば，どの部分がOJTでどの部分が仕事か区別できない。しいてOJTを仕事と区別しようとするならば，OJTを，フォーマルなOJTとインフォーマルなOJTと

に区分することである。フォーマルなOJTでは，指導員が指名されていること，成果のチェック項目が設定されていることが一般的である。通常，指導員は1人ひとりの新人に対し，1対1で，一定期間指名される。ただし，指導員は，その間も自分の仕事を持ち，仕事と指導の両方をこなさなくてはならない。

OJTのメリットとして，

①目標レベルと到達するまでの期間を定めて計画的に行うため，実務に必要な知識・技能をむだなく早く習得させることができる。

②部下の育成は上司の重要な役割であり，上司にとっても，リーダーシップの向上につながる。

などがあげられる。

一方OJTの問題点としては，

①仕事とOJTの双方をこなすため指導員に負担がかかる。

②会社の業務に限定されるため視野が狭くなる。

といった点が指摘されている。

イ) Off-JTの特徴

そこで，日常の業務と離れたところで行う研修コースによる訓練 (Off-JT) を並行して取り入れ，OJTの問題点を緩和しバランスのとれた教育訓練の工夫がなされている。

Off-JTには，以下の特徴がある。

①職場・仕事を離れて，外部の講演会，セミナー，研究会，見学会などに参加する。

②訓練ニーズにあった内容を選択し，外部の情報や人間に触れ，視野を広くする。

③一般論に成らざるを得ないため，体系的，継続的に受講していくことが難しい。

ウ) 自己啓発

職場訓練は，OJTとOff-JTにより行われるが，教育訓練の基本は，あくまで自己の充実と自立化にある。OJTもOff-JTも自己啓発を誘導するものにすぎない。自ら問題意識と，よい意味での好奇心をもって，仕事に取り組んでいくところに教育の成果が表れる。

BOX 10　新人類に対する教育システム

　新人類が組織の構成員として組織に参入してきた現在，これら新人類に対する教育訓練もこれまでとは違った理念が必要となってきている。

　日常生活が豊かになり，個人主義的な価値観に基づき，価値観が多様化してきた。その中で自己実現の欲求が高まってきている。これは自分の能力を十分に発揮したいというような自己充実や自己成長を求めているのである。

　これまでのような組織のために一方的に個人を教育訓練するのでは自己実現欲求に応えることはできない。組織からの押しつけではなく，ただ希望を述べるための自己申告でもなく，組織と個人の双方の意見を調和させるよう協議し，共通の目標を設定することが必要である。

　これは，従来のジェネラリスト志向の育成方式では対応するのが困難である。この点について，若林（1991）は，自己申告システムから，下図に示すような「多次元キャリア・ドメイン」を前提とした「キャリア・デザイン」制度への転換を主張している。

　これは，10～20年といった長期的スパンで個人の職業生活を展望し，個人の育成をしようとするものである。組織が多元的ドメインに対応して人材育成・配置計画をデザインし，個人は自己の学習興味を明確化し，仕事を選択するのである。このように主体的に選択された仕事では，明確な仕事目標と仕事コミットメントが形成され，企業内教育と自己啓発によって強化される。そして企業目標に貢献しつつ，専門的職業能力を向上させていくことになる。このような自己成長と一体化した教育システムが必要である。

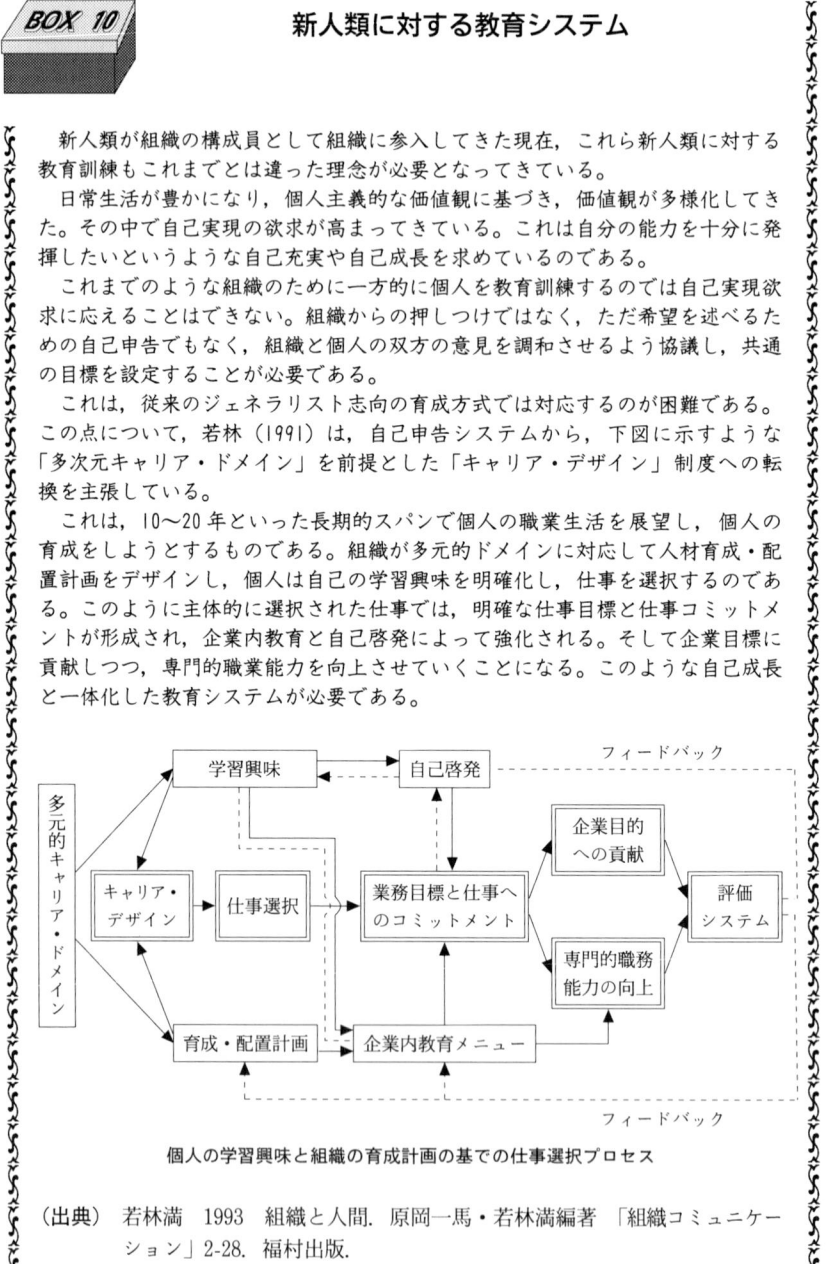

個人の学習興味と組織の育成計画の基での仕事選択プロセス

（出典）若林満　1993　組織と人間．原岡一馬・若林満編著　「組織コミュニケーション」2-28．福村出版．

2　OJTと上司の役割

　OJTの実際の運営にあたっては，上司は部下の長所，短所をよく知り，適材適所への配置や適切な業務の配分に留意することが大切である。その際は，職務の権限・委任の範囲，報告制度などを明確にして，具体的に指示することが必要である。

　また，日頃から部下の興味，関心，要望などをよく把握し，仕事上の打合せ，情報交換などを通して対話の機会を多くとり，円滑なコミュニケーションを図ることにより相互理解に努める。

　具体的には，①重要な仕事を与えるとき　②ミス・トラブルが発生したとき　③方針・計画などが変更・改正されたとき　④部下が質問してきたとき，などの機会をとらえてタイミングよく指導することが肝要である（国富，1993）。

　部下の理解と成長の状況をみて，ステップを踏み，計画的にポイントをしぼって，柔軟で確実な方法で指導することがポイントである。具体的な指導のポイントは，以下の通りである。

　まず最初の段階では，不安と緊張をとき，仕事の内容，仕事の目的，重要性を話し，本人の仕事への興味・関心を高めることからスタートする。

　次に，必要な資料を揃え，仕事の進め方を，指導員が1つひとつ説明しながらやってみせ，仕事の全体像をつかませる。ここでは，本人の態度・表情から，その理解度を確認しながら進めることが肝要である。

　続いて，仕事を適当に区切って，本人に実際にやらせてみることである。指導員は要点を質問し，実際にやらせながらその内容を説明させ，理解度を確認する。最後に，仕事をまかせ，問題があったら補習・指導するという手順で進める。

　また，一定期間経過後に1つの仕事を理解した後に，係り替えを実施して，仕事のマンネリを防止し，仕事の幅を広げ，複数の業務がこなせるようにすることも，職場の生産性を向上させるのに大切なことである。この場合，上司は指導者および本人とよく話し合って，本人の興味と技能レベルをよく確認して行うことが必要となる。

　転勤や係り替えをさせて，本人の特技・適性をチェックし，訓練するのも効

果的な方法である。その際には，

①本人の「自己申告書」や，本人の希望・性格・適性から判断して行なう。
②人事考課と，直属上司の意向をとり入れて，適材適所へ配置する。
③転勤・係り替えは，一般的には3年前後をメドに，本人の職務経験に応じて，異なる職種や職務へ配置する。プロジェクト・チーム，関連会社，海外への派遣なども検討する必要がある。

さらにOJTの一環として，上位職の権限を一部委譲して，ワンランク上の職務を与え，目標・手段・方法・日程・業績評価の決定をまかせることも，職場と職員のモラルアップを図るための好機となろう。

3 組織の活性化と職場における自己実現

1 組織の活性化の必要性

経済成長が続いた時期においては，企業が成長・発展することにより，そこに働く人たちの賃金も上昇し，企業の価格設定にブラックボックスがあったとしても，企業収益の向上が給与の上昇，というかたちで消費者にフィードバックされてきたため，消費者からの不満の声があがるということはなかった。そこでは，生産者（川上）の論理が消費者（川下）の論理よりも優先する，といった暗黙の了解があったといえよう。

しかし低成長経済時代が到来し，雇用を確保することも難しく，まして給与の大きな伸びを期待することがむつかしくなった状況では，消費者が生産者の論理を容認する理由がなくなってしまった。

生産者の論理が通用した時期には，企業のトップおよび管理者は，他が入手できない製品の製造コストなどの情報をもち，部下からの質問に対する回答をつねに示すことができた。

こうした状況下においては，企業にとって指揮・命令を徹底するには，階層型のピラミッド型の組織がもっとも効率がよいとされた。しかし，今日のように変化の激しい経営環境に対応するためには，効率だけを追究するタテ型の組織形態の問題点が指摘されるようになってきた。

生産者の論理が通用しなくなってくると，経営トップや管理者といえども，企業経営に関する質問に対して，部下に十分に回答することができない状況におちいった。これからは，企業が生きのびていくためには，消費者（川下）のニーズを把握していくことが重要なポイントとなったのである（榎本，1999）。

企業外において生産者（川上）の論理が通じなくなってきたのと同様に，企業内においても，部下に対する回答を用意できなくなった上司と部下の関係は，従前よりはフラットな関係にならざるを得ないと思われる。企業内の**組織のフラット化**は，トヨタ自動車など一部企業においてすでに実施されている。組織のフラット化によって，上司と部下は協働的な人間関係を形成していくことになろう。

また，組織としての意思決定をより迅速に進めるために，組織を分社や事業部など小さな単位に分割し，それぞれの独立性を高めて緩やかな関係で連結し，組織をもっと動的に，かつ自由度の高いものとしてとらえ，時代の変化に対応していこうとする動きもある。

そのためには，企業内起業家の育成が必要となろう。新しいビジネスを創造しようとする人を起業家というが，彼らは企業を退職し，自ら事業を興す。これに対して，企業内にとどまり新規事業や新プロジェクトを起こしていく企業内起業家を養成し，既存の枠を破り新しい事業に取り組ませることが，組織の

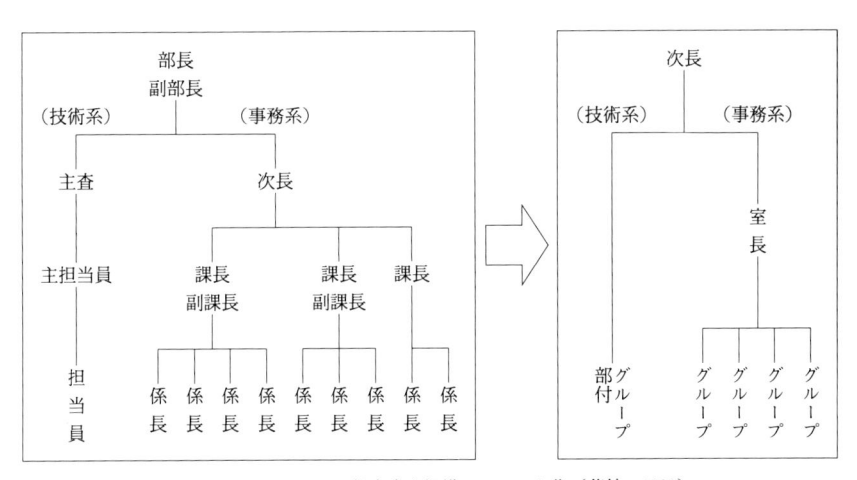

図10-3 トヨタの課制廃止と組織のフラット化（若林，1993）

活性化のために有効であろう。

　組織や事業に変革をもたらし，新しい価値を創造していくためには，経営のあらゆる面で新しいシステムを構築して，企業内起業家が生まれやすい環境をつくっていことが大切である。

　そのためには，自立型のリーダーを育成し，分社方式や事業部制を取り入れ，部下に大幅な権限委譲を行うとともに，トップが明確なビジョンをデザインし，計画の立案に多くの人が参画できるようにする。それにより，組織と成員のモラルアップが図られ，職場における自己実現も可能となろう。

2　職場における自己実現

　経済的な安定や社会的地位の向上を目指して働くことにも意義がないとはいわないが，自分のなしとげた仕事が，社会や地域へ貢献し，評価された時の仕事の達成感や満足感には格別のものがあると思われる。

　仕事を通じて，企業と社会に貢献し，同時に**職場における自己実現**を模索する過程が，社会人としての活動だともいえる。これに関連して，マズロー (Maslow, A. H.) という心理学者は「欲求の発展5段階説」（欲求階層説ともいう）を提唱している。

　人間の欲求には，第1段階として食欲・性欲・睡眠などの生理的な欲求があり，第2段階として，安心して暮らせる住居がほしいという安全欲求があり，第3段階として，集団に参加し，共同生活をするという所属と愛の欲求がある。これらが満たされると，第4段階として，出世して人や社会から自分の存在価値を正しく評価してほしいいう承認の欲求がでてくる。

　しかしさらに発展していくと，興味深いことに，これらの利己的な欲求から変化して，「世の中や人のために役立ちたい」「社会に貢献したい」という強い欲求が出てくる。これを「自己実現の欲求」といい，人間の欲求としては究極の発展段階にあるとしている。

　「仕事を通じての社会的貢献と自己実現」とはまさに，マズローの発展段階説にもよく合致していると思われる。ただ，これを実現するためには注意が必要である。自分が興味があり大切な事柄だと思っても，それだけでは仕事として実現できるかどうかはわからない。もし実現できても，職場における評価は

必ずしもよいとは限らず，逆に「ひとりよがりである」と批判を浴びることになる可能性も考えられる。そのために，「自らの興味」と，「企業として取り組むべきこと」および「社会的なニーズ」の，3点の全てに合致するテーマを企画・立案し取り組むことが重要なポイントとなる。

これは個人的な話だけではなく，企業としても同じことがいえる。かつては，公害を出しても企業利潤を追求していた時代から，今では「ゼロ・エミッション」という，企業活動の中で廃棄物を極力出さないようにするISO規格を，優良企業は先を争うように取得している。ソニーしかり，リコーしかり，新日鐵しかりである。企業活動の中で公害を出さないようにするだけでなく，企業活動そのものを環境に貢献できるように真剣に考えるようになってきている。

たとえば，トヨタのハイブリッドカー「プリウス」がその代表的な事例であろう。数十年前のトヨタ自動車は，環境保全に対しては，他のメーカーに比べてあまり積極的な企業とはいえなかったが，今は世界の大手自動車メーカーに先駆けて，排気ガス排出量とガソリン消費量をともに一気に2分の1にまで削減した「プリウス」を開発し，しかも市販車として実用化したのである。この取り組みは「トヨタのイメージを向上する」という企業の社内的欲求にとどまらず，現実に環境保全に貢献するという「社会的要請」とも完全に合致している。

これに携わることができた技術者やスタッフたちは，自分たちの仕事の成果に素直に誇りをもてたことだろう。この他にも，キョウセラが，クリーンエネルギーとして期待されている家庭用太陽発電システムの低コスト化のために，ライン生産工場を建設した事例など，「企業は儲けることしか考えない」というバイアスのかかった見方ではとても説明がつかない企業活動が現実に行われつつある。この根底には，企業活動を決断するリーダーの「会社の利益と社会的貢献」を実現しようとする熱い思いがあるように思われる。

キーワード：日本的経営　企業統治（コーポレート・ガバナンス）　職場の流動化
　　　　　　　OJT　Off-JT　自己啓発　職場における自己実現

課題

次のそれぞれについて，200字程度で説明しなさい。

①企業統治（コーポレート・ガバナンス）とは何か。
②OJTとは何か。
③Off-JTとは何か。
④OJT，Off-JTと自己啓発の関係について説明しなさい。
⑤職場における自己実現の具体例をあげなさい。

もっと学びたい人のために

植田兼司・川北英隆・高月昭年　1999　「21世紀日本の金融産業革命」東洋経済新報社：わが国における企業統治（コーポレト・ガバナンス）のあるべき姿を理解するのに役立つ好著。

11章

企業経営のコンセプトの変化とコミュニケーション

この章のねらい

バブルの崩壊に伴い，企業経営のコンセプトが変化している。終身雇用や年功序列型賃金が見直され，企業経営の監視役をつとめたメインバンクの役割が後退した。生産者の論理に代わって消費者の論理が主流になるなど，企業経営のコンセプトが変化し，企業内のコミュニケーションにも変化がみられる。またバブル崩壊の反省の過程で，企業の経営理念や企業倫理がきびしく問われ，見直しが求められている。今後企業は，その理念と行動規範を明確にし，企業市民として環境問題への取り組みや社会貢献活動などを通じて，地域へ貢献することが求められていこう。

1 バブルの崩壊と日本経済

　戦後50年にわたり，日本経済は飛躍的な発展をとげた。それは世界の歴史に残る奇跡的な発展であり，だれにも予想できない快挙であった。しかし，日本経済は一本調子で伸びてきたわけではない。いくたびもの危機を乗り越えてここまできたのである（水谷，1999）。

　それが1990年代に入り，バブル経済の崩壊により日本経済は急速に活力を失い，同時に，日本的経営についての海外からの評価も急低下した。なぜこうした事態になったのだろうか。ここでは，日本的経営が，なぜこれまで驚異的な成功を収め，ここにきて有効に機能しなくなったのかについて考えてみたい。

　バブル（bubble）とは，風船，シャボン玉，あわなどの意味であるが，ここでいうバブルは，経済活動とは離れた財テクとよばれる金儲けのための株式投資と不動産投資が引き起こした，資産価格のインフレ現象のことをいう。では，バブルすなわち地価と株価の大幅な上昇は，どのようにして発生し，またなぜ発生したのだろうか。

　1987年当時日本経済は，先進5カ国首脳によるプラザ合意（85年9月）をきっかけとした円高不況に襲われていた。ところが，大蔵省は，財政政策を活用した景気刺激政策をとることに消極的であったため，代わって，日本銀行が金融緩和政策による景気刺激策を採用せざるを得なくなり，1987年に5％の公定歩合を2.5％にまで引き下げた。この低金利政策と企業の経営努力によって日本経済は立ち直り，景気は好転し拡大に向かった。しかしこれが同時に，すでに始まっていた銀行の不動産部門への集中的融資を加速させることとなり，バブルを発生させる下地をつくっていった。

　戦後，地価は着実に上昇を続けてきた。しかし，その上昇は経済成長率や物価の上昇率などにほぼ見合った上昇であった。ところがバブルの時期は，経済成長率や物価の上昇率を大きく上回って地価が上昇した。バブル景気は，経済の実力以上に地価・株価の上昇によってもたらされた好景気であったから，長続きするはずはなかった。

　地価・株価の行き過ぎた上昇を押さえるために，1989年に日銀が金融を引

き締め公定歩合を引き上げると，地価と株価は急落を始め，それに伴って地価・株価に支えられてきたバブル景気は，政府や日銀の予想をはるかに上回る急速な冷え込みをみせた。

その結果，土地や株式に対する財テクでもうけようとしていた企業ばかりでなく，その企業に金を貸し付けていた金融機関にも巨額の不良債権が残されて経営が悪化し，大手金融機関の経営破綻が頻発した。これによって，金融機関は潰れないという神話は崩壊した。

1997年には三洋証券，北海道拓殖銀行，山一証券の経営の経営が破綻し，さらに98年には日本長期信用銀行，日本債券信用銀行が実質的に破綻し，相次いで国有化された。これは，戦後に確立したわが国の護送船団方式の金融体制が完全に行き詰まったことを意味した。

こうして，日本の金融機関の信用は低下し，国際金融市場において厳しい制裁をうけることになった。「**ジャパン・プレミアム**」がそれである。ジャパン・プレミアムにより，日本の金融機関が国際金融市場で資金を調達する場合，ほかの国の金融機関より高い金利を支払わされるようになり，日本の金融機関による国際業務の展開が難しくなった。金融機関の信用失墜は，日本の金融システムそのものに対する不安であり，不良債権の処理を急ぐことが必要である。

98年10月には金融再生法および早期健全化法が成立し，これにより金融機関の資本の増強（総額60兆円）に関する緊急措置の制度を設けることで，わが国の金融システムの安定を図ろうとした。1999年3月に，大手15行に対して総額7兆4,592億円の資本注入が実行された。この措置により，わが国の金融システムは，表面的には小康状態を維持しているものの，依然として不良債権問題の最終的な処理と，その結果としての銀行経営の健全化の問題が残されている。

2　なぜ金融機関は財テク資金を積極的に融資したのか

銀行は石橋をたたいて渡るとか，銀行は雨の日には傘を貸さないといわれるほど，その貸し出し審査は厳しく，銀行には「カタイ」イメージがあった。そ

の銀行が，バブル期に入って，なぜ「ハイリスク，ハイリターン」の不動産・財テク向け融資を積極化したのだろうか。

　通常，大企業の銀行取引は複数の銀行取引からなっているが，その融資量が最大の銀行が**メインバンク**である。メインバンクは，単に融資量が最大の銀行というばかりでなく，株式の持ち合いや企業への役職員の派遣という形で，企業グループと密接な関係をもち，企業経営が悪化した場合にはこれを支援したり，経営についても意見を述べ企業の経営を監視してきた。

　日本では，会社の経営と資本が分離し，株主が経営を監視するという機能がなかった。一方で，メインバンクは，融資の実行やその後のモニタリングを通じて，株主に代わって企業行動を監視する機能を果たしてきた。

　しかし1980年代に入って，大企業は，自己資金力が高まり金融の自由化・国際化の進展により資金調達手段が多様化すると，多くの企業はメインバンクの監視をのがれ，外債の発行や転換社債の発行などによって調達した潤沢な資金で，土地・株式などの財テクといった，本業以外の非効率な投資を積極的に行うようになった。

　一方銀行では，大企業の銀行離れにより金余り現象が発生したため，新たな顧客である中小企業取引の開拓を目指した。しかし銀行には，長年の情報生産活動により大企業に関する豊富な情報が蓄積されてはいたものの，中小企業についての情報生産が十分になされていなかった。

　新たに中小企業についての情報生産をしていこうとすれば膨大なコストがかかった。金利の自由化による利ざやの縮小，大企業の銀行離れによる金余り，新規顧客である中小企業の情報生産にかかる膨大なコストなどの要因を考慮した結果，銀行は，企業の信用リスクを厳しく審査するよりは，安易でかつ貸出ボリュームの確保できる不動産融資に，担保を押さえるだけでほとんど審査を行わず傾注していくことになる。

　その後の金融引き締め政策の結果，地価・株価が急落し，銀行に膨大な不良債権が残されることになった。膨大な不良債権の発生は，十分な審査を行なわず，安易な貸出しを行なった金融機関と，非効率な不動産開発や財テクを行った事業会社などに直接の原因があることはいうまでもない。

　しかし，わが国には，そういった銀行や企業経営者の暴走をくいとめるシス

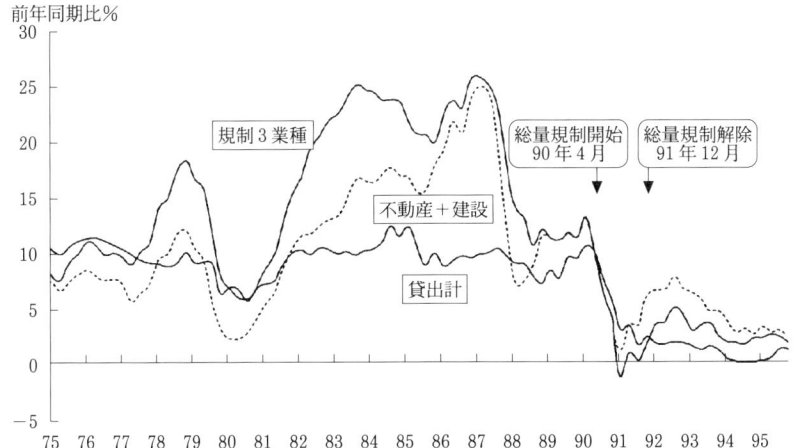

注）89年Ⅰ期以前は第二地方銀行（旧相互銀行）は除く。93年Ⅰ期以前は当座貸越を含まないベース。規制3業種は不動産，建設，ノンバンク（物品賃貸業とその他金融）と定義。

図11-1　全国銀行貸出残高の伸び（吉富，1998）

テムや方法がなかったことの方が，より大きな問題である。**コーポレート・ガバナンス**（corporate governance）がうまく働いていれば，こうした事態は避けられたはずである。コーポレート・ガバナンスとは，第三者が企業経営者に目を光らせて，経営を失敗させないように監視する機能のことを指している。

　株主が会社を所有しているという原点に返れば，株主が企業経営を監視しなくてはならないということになる。しかし日本では，所有と経営の分離により，株主総会は形式的なものとなり，株主の意見が経営に影響を与えることはなかった。

　では，日本では経営に対する監視機能は全く働かなかったのであろうか。答えは否である。従来，とくに大企業については，メインバンクがその役割を果たしており，株主ではなく債権者の立場から，銀行が監視機能を行使してきたのである。

　メインバンクは，貸出先企業から詳細な経営内容の報告を受け，情報の収集に努め，これによって貸出しの回収を確実なものにしようとする。もしも，経営者が非効率なプロジェクトに資金を投資したり，不健全な経営を行なう恐れのあるときには，軌道修正を求めることができる。すなわち，メインバンクは

株主に代わって企業経営者をモニタリングし，監視する役割を果たしてきた。

　しかし80年代になって，企業の自己資金力が高まり，また，金融の自由化，国際化が進み，資金調達手段が多様化すると，企業はメインバンクから遠ざかるようになり，時価発行増資や転換社債の発行，外債発行といった直接金融の方法で資金調達を行うようになった。こうして，メインバンクによるモニタリング機能は働かなくなり，多くの企業が，不動産開発や財テクといった，本業以外の非効率な投資に資金を利用するようになった。

　このような企業の銀行離れに対して，銀行はこれに対抗するようにほとんど審査を行なわず，担保を押さえるだけで，不動産・建設向けの貸出を積極化さ

BOX 11

朝日新聞「天声人語」
（平成11年9月16日より）

　大学教授だった中谷巌さんがソニーの社外取締役に転じて，間もなく三カ月。これまでに三回，取締役会に出た。門外漢の強みは，何であれ遠慮なく質問できることだという。近く，朝九時から夕方まで，ぶっ通して戦略を論じ合う会議も予定されている▶取締役会といえば，社内育ちが並び，形ばかりの議論でお茶を濁す。そんな常識にも，少々変化が出てきた。社外取締役はその一つ。顔見知りばかりの集まりに新顔が交じると，座はにわかに引き締まる。国内だけでなく，国境を越えた競争に追われる企業にとって，社外の空気を入れることは欠かせまい▶まだまだ抵抗は強い。社外取締役が当たり前の米国には，教育機関として全米取締役協会（NACD）がある。来日したジョン・ナッシュ名誉会長は，何度も同じ質問を受けた。「社内事情もわからない人に仕事はできないでしょう」「おいそれと適材は見つかるまい」。そんな冷ややかな問いに「経営の基本は三つのCと三つのD」とおもむろに切り返す▶そのなぞ解きは，「まずはコミュニケーション，コミュニケーション，そしてコミュニケーション」。Dも同じことで，「ディスクロージャー……」。つまり情報の公開だ。小難しく考えることなどない。要は社内の情報の流れを滑らかにして，都合の悪いことでも隠さない。そうした基本をしっかりとさせることが経営の要てい。そうなら，社外取締役の出番はいくらでもあるというのだ▶いわれてみると，候補者は至るところにいるような気がしてくる。正義感があり，気力，体力とも現役並み。そんな定年者なら数多い。ビジネスの経験も豊かだ▶作家の城山三郎さんは，社外取締役を「ゲンコツ付きの金びょうぶ」に例えた。日ごろは頼りになる後ろ盾，でも正道をはずれたらガーンとやられる，と。確かに，そんな人が足りない。

せ，企業の無謀な投資に同調したのである。こうしたメインバンクによる監視機能の放棄によって，コーポレート・ガバナンスは全く機能しなくなってしまった。その結果，不動産事業や財テクに利用された資金は，その後の資産価格の下落によって不良債権化した（吉富，1998）。

メインバンクによる監視が事実上不可能になった現在，バブルの崩壊といった事態を2度と起こさせないためには，企業経営をモニターする新しい監視役が必要である。それは，企業経営の透明で公正な**ディスクロージャー**であろう。そして市場が，企業（銀行を含む）のディスクロージャーが適正であるか否かを峻別し，企業経営の健全性を確保するために機能していくことが必要となろう。すなわち企業は，株主，一般公衆などへの経営情報の適切かつ，積極的な開示を通して市場にこれを伝達し，市場規律が企業の行動を監視していくことが必要となってこよう。

3 見直し迫られる日本的経営

これまでの日本経済が発展してきた理由に「日本的経営」があげられる。これは日本の高度成長を見てきた海外からの指摘によるものであるが，最近ではこの見方は変化してきている。日本的経営の特徴は，終身雇用，年功序列型賃金，企業内組合，稟議制度である。

わが国では大企業を中心に，従業員は1度会社に入社すると生涯その会社にいることを前提にした，終身雇用制度がつくられていた。そのため従業員には，会社に対する忠誠心が芽生え，経営者は安定した経営を行うことができた。

それが1990年代に入り，バブル経済の崩壊により日本的経営は曲がり角に来た。世界の優等生として高度成長を続けてきた日本経済は，1990年代の終わりになって未曾有の危機に直面している。金融機関は不良債権の前に立ちすくみ，優良企業に対してさえ貸し渋りをきたしてる状況である。総合電器，鉄鋼，自動車などの大手企業が，収益力の後退と設備・人員の余剰感に悩まされている。

設備・人員の余剰感から，企業にはリストラ（restructuring）の嵐が吹き

あれ，日本の大企業を中心とした雇用形態である終身雇用制が揺らぎ，大学を出て企業に就職すれば一生が約束されるといった日本的慣行は崩壊しつつある。

　それとともに，企業内における人材教育の中で，ジェネラリストととして育成され，個人的なスペシャリティーの養成よりは企業内で役立つ人材として育成され，企業に忠誠を誓ってきた中高年層のサラリーマンを中心にモラルダウンがみられ，日本的企業経営は一種の閉塞状態を呈しているともいえよう。

　バブル経済の崩壊は，日本的金融システムの破綻と，その後の金融デフレによる設備と雇用の余剰を招き，年功序列による組織内の秩序にも疑問を投げかけている。高度経済期には，企業の成長・発展に伴う企業収益の向上が給与の上昇という形で消費者にフィードバックされてきたため，生産者による不透明な製品価格の設定についても，消費者からの不満の声があがるということはなかった。

　そこには，**生産者の論理**が**消費者の論理**よりも優先するといった暗黙の了解があったといえよう。しかし，低成長経済時代の到来により，雇用の確保さえ厳しく，まして給与の大きな伸びを期待することが難しくなった状況では，消費者が生産者の論理を容認する理由が消滅してしまった。

　これまでは，生産者が権威をもってきたが，その権威は，生産者が生産者の論理により他の人が知り得ない知識や情報をもつことによって生じたものである。いいかえれば，いつの時代でも，他の人が知り得ない知識や情報をもっている人たちが権威を獲得するという，ある種の法則が存在しているともいえよう。

　ところが，インターネットに代表される最近のコミュニケーション技術の急速な発達に伴い，それまで生産者しか知らなかった情報を消費者が入手することで，生産者と消費者の力関係は急速な変化をみせた。同様に，それまで経営者や上司しか知らなかった情報を部下が得ることによって，この両者の関係が変わっていくことは必然的な時代の流れであるといえよう。

4　企業経営の変化とコミュニケーション

　他の人が知り得ない知識や情報をもっていたのは，かっては生産者であり経営者であった。かれらは，消費者や従業員からの質問に対して，つねに「答え」を用意することができた。それは彼らが，他の人が知り得ない知識や情報をもっていたからである。しかし，生産者と消費者の力関係は急速な変化により，生産者や経営者は答えを用意できない状況に陥っている。

　榎本（1999）によれば，「答え」を一部の人たちがもっている時代は終わり，答えのある場所が，川幅の狭い川上から，川幅の広い川下へシフトしつつあるという。川は，川下に行けば行くほど川幅が広くなって，海に帰着する。答えのある場所が川上から川下に移動するということは，答えをもっている人の数が増加することを意味するのと同時に，答えの数が分散化し，多様化することを意味している。

　それでは，答えが川上から川下に移動し，さらにそれが分散化・多様化するという流れに対して，企業はどう対応すべきなのであろうか。それには，川下に分散化した答えを求めて，企業自身が川下にシフトするのが効率的な方法であろう。すなわち，何をつくればよいのか，何を売ればよいのかの答えが顧客にあるとすれば，企業としては，消費者や顧客との接点を増やしていくことが望ましい方策と考えられる。

　答えが川上から川下に移動することによって，企業の目的自体も変化をみせてきている。すなわち，顧客や消費者がもっている答えをいかに効率よく引き出すかが，企業にとっての大命題になりつつある。こうした企業の川下シフトは，すでに多くの企業によって実施されている。スタッフ部門を縮小してライン部門の比率を引き上げたり，メーカーが繁華街にアンテナショップを出したりする動きである。また，スタッフ部門を別会社化するような動きも，スタッフのライン化の一環であり，企業の川下シフトといえよう。

　さて，企業の川下シフトにより，企業内部における人間関係はどう変化するのであろうか。企業における川上とは上司であり，川下は部下とみなすことができようが，企業が企業内部においても川下シフトをするということは，経営

者や上司がこれまで以上に社員や部下に近づき，彼らとの接点を大きくすることを意味している。

　そのためには，多層化，複雑化した組織の階層を減らし，**組織内のコミュニケーション**がより迅速に行えるように，**組織のフラット化**を進めて行くことが必要となろう。今組織に求められているのは，答えに近い組織を作ることであり，そのためには，従来の**ピラミッド型の組織**から**フラットな組織**への移行が望まれる。ピラミッド型の組織において求められる人間関係は，年功序列を基盤とした支配・従属的な関係が中心をなしていた。すなわち，答えをもっている上司がその権威で部下を支配し，答えをもたない部下は上司から与えられる答えに依存し，その権威に従属する関係にあった。こうした支配・従属的な人間関係のもとでは，組織内のコミュニケーションは，一方的に上司から部下に流れる指示命令型のコミュニケーションとならざるを得ない。

　それでは，**ピラミッド型の組織**から**フラットな組織**への移行により，組織内のコミュニケーションはどう変化するのだろうか。フラットな組織は，上司と部下のコミュニケーションの機会を増加させるばかりでなく，社員同士のコミュニケーションの機会を増加させることにもなろう。このように，組織のコミュニケーションのスタイルが変わると，それに合わせて，組織の人間関係も変わらざるを得なくなる。川下にある答えを引き出すための人間関係としては，従来の支配・従属的な人間関係は効率の悪いものになるからである。

　フラットな組織においては，1つの目的のためにお互いが補完・協力し合う協働的な人間関係が大切になってこよう。こうした協働的な人間関係のもとでは，上司が部下に対して問いを投げかけ，部下がその問いに対する回答を提供するといった，双方向的なコミュニケーションが基調となる。協働的な人間関係のもとでの双方向的なコミュニケーションは，川下にある答えを探すためにもきわめて効率のよいシステムであるといえよう。

　企業経営に関する考え方の変化から，企業の環境問題への取り組みにも変化がみられるようになってきた。かつて，人間は自然をおそれ，自然を敬いながら暮らしてきた。しかし，科学技術の発展に伴い，人間は環境を支配できると錯覚するようになり，そして現実に，自然を支配しようとする取り組みは最近までうまくいっているかにみえた。

ところが，自然はそうした人間の横暴な試みに対して，環境破壊という劇的な形で答えたのである。しょせん人間が自然を支配できるはずはなく，答えをもっているのは，人間でなく自然であるとの構図が鮮明になってきた。川上，川下という考え方にたって考えれば，これまでは人間を川上ととらえ，自然を川下ととらえてきた感があった。環境破壊は，この考え方が全面的に否定されたことを意味している。それは，答えをもっているのは，人間ではなく自然の方だと考えられるからである。

　経済発展至上主義を掲げた日本的経営にとって，売上，利益，生産性など高い経営効率と，マーケット・シェアなどが最重要な価値判断基準となってきた。そして，生産者の論理を推進するには，ピラミッド型の組織が最も効率的であったわけであるが，ピラミッド型の組織の弱点は，コミュニケーションが上司から部下への一方通行的な指示・命令になりがちで，双方向のコミュニケーションが成立しにくいことであった。

　そして，それが結果として，利潤追求のためには手段を選ばない企業行動により，環境破壊などの負のコストを社会へもたらすことを容認してきたともいえよう。ピラミッド型の組織からフラットな組織への移行が進み，コミュニケーションの双方向化が進みつつある今こそ，企業は，企業理念と行動規範を明確にし，企業市民として，**環境問題**への取り組みや社会貢献活動などを通じて地域へ貢献することが求められていこう。

5　企業市民として地域へ貢献する

　生業，家業といった段階の小規模な企業形態の場合には，企業の目標は短期的利潤追求でよかった。しかし企業規模の拡大に伴い，大規模な生産設備と多くの株主・従業員をかかえて，企業活動は，巨額な投資を回収する期間が長期化し，長期的な利潤の維持が重要な経営課題となってくる。

　そのためには，長期的な視野にたって，環境の変化に柔軟に対応できる態勢を整え，企業の継続的な発展と成長を果していくことが重要になる。この他，地域住民，株主，消費者なども含めた利害関係者との利害を調整しつつ，企業

目的を達成していくことが必要となろう（青木，1999）。

　世界有数の自動車メーカーであるトヨタ自動車の「基本理念」の第1には，「オープンでフェアな企業行動を基本とし，国際社会から信頼される企業市民をめざす」と書かれている。トヨタ自動車の「基本理念」にみるように，地域社会のなかで企業の存在が大きくなった場合，単に株主だけでなく，従業員や地域社会の人びとをも，利害関係者と考えて企業活動を展開すべきであろう。なぜならば，企業活動過程では，企業のゴミ・産業廃棄物・環境汚染・排気ガスなど，社会や市民生活に大きな問題や影響を及ぼしているからである。

　メセナ（mecene）という言葉があるが，これは，フランス語で文化芸術活動に対する支援を意味している。アメリカでは，**コポレート・シチズンシップ（企業市民性）**という言葉があって，アメリカの有力企業のほとんどが，市民的義務として文化・芸術活動に対する支援活動を行っている。

　また，**フィランソロピー**（philanthropy）という言葉があるが，これは英語で慈善の意味である。語源的には，philが愛，anthropyが人類で，人類愛ということになる。欧米では，個人や団体が教育，研究，医療，福祉，環境保全のために奉仕活動を行ったり寄付金を拠出したりする伝統がある。企業もこれに直接参加したり，財団を設立したりして間接的にも参加している。

　アメリカでは，1920年から1930年にかけて，カネギー財団，ロックフェラー財団，フォード財団，ブルッキングス研究所などが設立されており，現在では全米企業の20％以上が参加している。ＩＢＭ，アメリカン・エクスプレス，チェース・マンハッタン，ゼロックスなどが慈善活動に熱心な企業として知られている。

表11-1　トヨタ基本理念

①オープンでフェアな企業行動を基本とし，国際社会から信頼される企業市民をめざす
②クリーンで安全な商品の提供を使命とし，住みよい地球と豊かな社会づくりに努める
③様々な分野での最先端技術の研究と開発に努め，世界中のお客様のご要望にお応えする魅力あふれる商品を提供する
④各国，各地域に根ざした事業活動を通じて，産業・経済に貢献する
⑤個人の創造力とチームワークの強みを最大限に高める企業風土をつくる
⑥全世界規模での効率的な経営を通じて，着実な成長を持続する
⑦開かれた取引関係を基本に，互いに研究と創造に努め，長期安定的な成長と共存共栄を実現する

（平成4年1月1日）

わが国では，経団連が1％クラブを設立して，各企業に経常利益の1％を寄付する運動を進めており，**社会貢献活動推進室**を設けるところもでてきている。しかし，その規模は1000億円程度と見られ，アメリカ企業の6分の1程度にとどまっている（imidas, 1999）。

名古屋市社会福祉協議会ボランティアセンターが平成9年3月に実施した「企業の社会貢献に関する実態調査報告書（追跡）」によると，景気の低迷が続く中でも，企業による社会貢献活動の実施率は，平成6年の40％から平成9年には42％と若干ながら増加しており，企業の社会貢献活動がそのすそ野を拡大していることが確認されている。

企業の社会貢献活動が必要な理由としては，1番目には「地域や社会の一員としての責任」があげられ，次いで「人材育成に効果がある」，「企業のイメージアップにつながる」，「利益の一部を社会に還元する」があげられている（図11-2）。

企業が社会的存在である以上，社会のよき隣人として行動すべきであり，また，企業の地域社会に対する奉仕は，地域社会の一員として認められるために

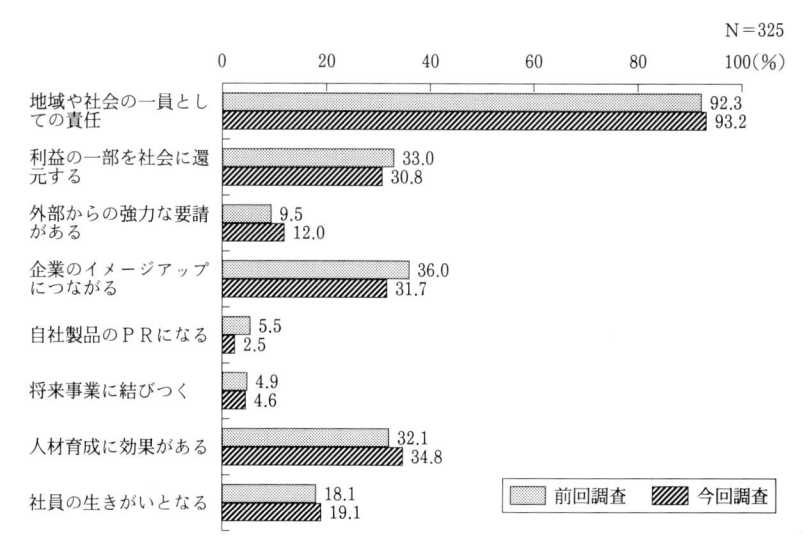

図11-2　社会貢献活動が必要な理由，活動する理由（複数回答）
名古屋市社会福祉協議会（1997）「企業の社会貢献に関する実態調査報告書（追跡）」

必要不可欠な行為であろう。これからの企業のリーダーは，企業人としてのみならず，よき企業市民であることを要請されることになろう。

　これからの企業は，企業市民として，新しい企業理念の確立に向けて，たえず努力していくことが必要である。いくら大企業であっても，社会に容認される企業でなくては存在価値がない。すでに一部の優良企業によって試行されているように，企業は地域環境問題などへの積極的な取組みを通して，地域社会のよき企業市民として，地域住民・消費者・下請け企業など利害関係者へ配慮していくことが求められていこう。

ボランティア休暇制度

年間5日を限度として非営利・非政治・非宗教の社会奉仕活動等に要した日数の1/2を特別休暇として利用できます。

- ■公的機関または地域団体が主催する社会奉仕活動に参加する場合
- ■地域団体が主催する地域活動に役員・主要スタッフとして参加する場合

骨髄提供に伴う一連の活動については，活動に要する全日数を特別休暇の対象とします。

マッチング・ギフト制度

従業員が継続して活動している公的な社会福祉団体に対して寄付を行う場合，会社からもその団体に対して年間10万円／件を限度に同額の寄付を行います。従業員が職場内での募金活動を通じて公的社会福祉団体等に対して行う寄付の場合も同様に取り扱います。ただし，この場合，従業員の過半数の参加が必要です。

ボランティア休暇制度

勤続5年以上の従業員が，公的社会福祉機関で社会奉仕活動を長期にわたり継続して行う場合に，原則として1年以内の休職を認めます。ただし，青年海外協力隊の休職期間は2年6ヶ月です。

施設器材貸与制度

従業員が所属し，継続して活動している公的な社会福祉団体，または地域団体に対して，会社業務・行事に支障のない範囲で当社の厚生施設，集会室，器材等を貸与します。

図11-3　関西電力のボランティア活動支援制度（関西電力，1997）

11章　企業経営のコンセプトの変化とコミュニケーション

> **キーワード**：バブルの崩壊　メインバンク　ディスクロージャー　生産者の論理　消費者の論理　組織内のコミュニケーション　ピラミッド型の組織　フラットな組織　環境問題　企業市民　コーポレート・シティズンシップ　社会貢献活動

課題

次のそれぞれについて，200字程度で説明しなさい。

①メインバンクが監視機能を放棄したことによってによって，コーポレートガバナンスが機能しなくなってしまった。その理由を述べなさい。

②なぜ，日本の終身雇用制を含む日本型経営の見直が必要なのか？

③ピラミッド型の組織から，フラットな組織への移行が起こっているのはなぜか？

④コポレート・シチズンシップ（企業市民性）について述べなさい。

⑤社会貢献活動の具体的な事例をあげて，説明しなさい。

もっと学びたい人のために

ユニベール財団　1998　「シニアのためのボランティア入門講座　緑の地球」環境新聞社：環境問題と企業のあり方について考えるのに最適の書。

12章 国際ビジネスの場におけるコミュニケーション

― この章のねらい ―

異文化とのコミュニケーションにおいては，自国文化との違いを認識し，異文化社会に通じる明確なコミュニケーションを行う能力が求められる。また，異文化間のディスコミュニケーションの発生原因の1つにコンテキストの違いがあるが，それが契約に対する考え方にも日本と外国の間に大きな差異をもたらしている。国際的な企業活動を円滑に行うためには，貿易相手国の立場や自然環境にも配慮することが必要とされ（利己→利他），それが，国際的なビジネスの場における円滑なコミュニケーションにも資するものと考えられる。

1 異文化とコミュニケーション

1 言語とコミュニケーション

　現代世界の急速な国際化にともない，外国人とコミュニケーションを交わす機会が増加している。それも，これまでのように外国に赴任したり，外資系の企業で勤務をしたりといった特殊な環境におかれた人だけではなく，日本に滞在する外国人の増加により，外国人とのコミュニケーションは，ごく普通の日常的な出来事になりつつある。

　一般的にコミュニケーションというと，言葉の問題として捉えがちである。たしかに，語学の能力は大切であり，また日本人の英語のレベルは決して高いとはいえない。しかし，実際に外国人とコミュニケーションを重ねていくうちに，問題は言語の違いによるものばかりではなく，もっと多様な理由から発生していることがわかる。たとえば，日本と外国の文化の違いに起因する思考パターンであったり，ロジックであったり，あるいはコミュニケーションに対する姿勢などがそれに該当しよう。

　わが国では古くから，口数の多い人は信用がおけないとか，「口は災いのもと」とされる一方で，「沈黙は金」「不言実行」などの言い回しにみるように，寡黙を美徳とする風潮があり，それは現代の日本人社会にあっても色濃く残されている。

　日本は島国で，単一民族による均質的な身内社会であり，以心伝心や察しのよさがよしとされ，面と向かって相手と議論するよりは，根回しによるコンセンサスの形成が大切とされてきた。

　一方で，西欧諸国においては，「はじめに言葉ありき，言葉は神なりき」という聖書の言葉に表されるように，自己の考えを言葉によって表現する精神が定着している。とくに，アメリカのように異人種や異文化が混在する国においては，論理性，公平性，客観性が厳しく求められている。つまり，多種多様の寄り合い所帯では，論理的説明や客観的評価が基準となる。

　英語のIがつねに大文字であることからもうかがえるように，アメリカ人は自我の意識が非常に強く，個人の意見を尊重する。アメリカでは，**コンフロン**

表12-1 日米の組織文化のちがい（久米，1987）

	日　本	アメリカ
組織概念	人間中心主義　（全人格的参加）	機能主義　（目的追求の手段）
モットー	家族主義，和	創造的思考，挑戦
採　用	新卒者	資格（適性者）
昇　進	年功序列制 内部昇進　（人間関係重視）	能力主義 転職昇進　（能力発揮重視）
育　成	ジェネラリスト志向（幅広い内部移動）	スペシャリスト（専門職）志向
雇　用	終身雇用	契約
志　向	安定 危険の回避	能力の発揮 業績達成
訓　練	新入社員訓練 中間管理職訓練　（帰属意識の形成）	専門訓練 マネジメント訓練　（個人能力の向上）
組織内コミュニケーション	報告，連絡，相談 根回し "社内営業"—個人ネットワークの使用 打合せ，会議	連絡，メモ，電話 スタッフ，専門家との協議 調査 分野別会議
意思決定 （照　準）	集団	個人
（情報の伝達）	真面目 寡黙 開放的	ユーモラス 饒舌 選択的
（調　整）	根回し 下意上達	専門家打診 上意下達
（時間感覚）	時間経過—長時間 実施—迅速	短時間で決定 実施—長時間
（基　準）	成功の確実性 客観的 人間関係 長期的視野 市場拡大	成功の確率 直観的 実利主義 短期的視野 利益増大
（決め方）	全員一致 （稟議制）	個人の決定または 多数決
（コミュニケーション・スタイル）	依頼的 賛同的 間接的（あいまい） 説明的 断片的（相手に考えさせる）	命令的 対決的 直接的（明快） 説得的 具体的（細かいところまで指示）
オフィス	大部屋	個室

テーション（confrontation）という言葉がよく使われるが，これには「言いたいことを言う」という意味がある。言いたいことの100％以上を言うことがコミュニケーションの基本であり，アメリカ人は小学生の頃からこれを教え込まれる。

　自国文化を基準として物事を判断することに慣れてきたわれわれにとって，異文化との円滑なコミュニケーションは依然として難しい課題ではあるが，**異文化**と**自国文化**の違いをよく認識し，異文化社会に通じる明確なコミュニケーションを行う能力が求められよう。

　2　　高コンテキストの文化と低コンテキストの文化

　言語によるコミュニケーションが，コンテキスト（context）に影響されることはよく知られた事実である。コンテキストとは，コミュニケーションの背景にある態度や視線，表情などの非言語的な表現や，物理的，社会的，心理的な環境，またはコミュニケーター同士の対人関係といったものが含まれ，これらが言語によるコミュニケーションを補足・強調し，そのメッセージを完全にして，コミュニケーション全体の意味を決定するものである。

　各文化に属する個人がメッセージを理解する過程で，コミュニケーションのコンテキストを考慮する程度によって，文化は「**高コンテキスト**（high context）」と「**低コンテキスト**（low context）」の2つに大別できる。

　以心伝心という言葉があるが，高コンテキスト社会では，思考パターン，価値観，習慣が濃密に共有化されており，意思疎通はスピーディかつ効率的に行なわれるため，必ずしも言語に頼らなくても，それ以外の方法で，相手はこちらの考えや気持を理解することができるのである。

　すなわち，高コンテキスト社会では，言葉にして明言しなくても相手の気持が理解でき，その結果，情報の整理方法や話し方の基準をあえてつくらなくても，各人各様のアプローチで意思を伝達することができる。言いかえれば，言葉は情報伝達の一部にとどまり，コンテキストを考慮に入れて，はじめてコミュニケーションの意味を深めて理解することができるのである。

　一方，低コンテキスト社会では，情報の共有部分が少ないために，はじめから相手と自分の間にある違いを意識してコミュニケーションをはからなければ

ならない。その結果，構成員全員に行きわたる情報の整理とその伝え方の基準を設定することが必要になり，言葉と情報を正確に伝えるための技法を発展させている。こうして，低コンテキスト社会では，われわれが思う以上に言語能力が重視されている。

異文化間のディスコミュニケーションの多くは，文化の違う人間がそれぞれのコンテキストを理解しないで情報を発信したり受信していることから起きているといえよう。たとえば，高コンテキスト社会からの情報は，低コンテキスト社会の人には十分な情報が含まれておらず，意味が通じないことがありうるであろう。

逆に，低コンテキスト社会からの情報は，高コンテキスト社会の人には十分な情報が含まれているものの，不必要な情報が含まれており，不愉快に感じる場合もありうるであろう。

国際ビジネスの場における具体例を通して，このすれ違いを考えてみることにしよう。日本人とアメリカ人との会話では，アメリカ人が積極的に話しかけ，日本人が聞き手にまわっているのをよく見かけるが，その理由を，一般的には言葉の問題だと考えられがちであり，たしかにその側面も否定はできない。

ところが最近では，日本語を話すアメリカ人が増えてきたことから，日本語で会話がなされるケースも希ではなくなってきている。興味深いのは，そのようなケースでも，相変わらず，アメリカ人の話す割合が圧倒的に多いという事実である。すなわち，話す割合の差異は言葉の習熟度によるものではなく，コミュニケーションのスタイルの違いから発生しているといえる。

日本では，それほど労力を費やしたり，工夫をしなくても意思の疎通が可能であると考えられてきたが，そのためには，共通の経験，認識，感覚をもっていることが前提になっている（安田・山添，1999）。

しかしこれでは，異なる意見を，自分がイニシアティブをとって包括したり，調整したりすることは不可能である。国際的なビジネスの場におけるコミュニケーションを効率的に進めるためには，自国の文化と異文化の違いを十分に認識して，情報を正しく伝達することが大切である。いいかえれば，われわれが情報を正しく伝達する技術を修得する努力を怠れば，これからの国際ビジネス交渉の場では生き残ることは難しいといえよう。

表12-2　あなたの高コンテキスト依存度チェック（安田・山添，1999）

〈下記の質問のうち，あてはまるものは「はい」，あてはまらないものは「いいえ」に○をつけてください〉

1. イエス，ノーをハッキリいわない。	はい	いいえ
2. 物事を進めていくときには慎重に根回しをする。	はい	いいえ
3. 合理性や論理性をさほど重視しない。	はい	いいえ
4. 初対面の人とのコミュニケーションは苦手である。	はい	いいえ
5. 反対意見があってもハッキリといわない。	はい	いいえ
6. 親しい人には目で語りかける。	はい	いいえ
7. 抽象度の高い曖昧な言葉をよく使う。	はい	いいえ
8. 語尾が濁る。	はい	いいえ
9. 人間関係はじっくりと築いていくほうである。	はい	いいえ
10. 積極的にコミュニケーションをとるほうでない。	はい	いいえ

▼

● 「はい」の数を集計します。
　0～3：問題がない　　4～6：傾向がある　　7～10：顕著な傾向がある

チェック結果へのワンポイント・アドバイス

● 7～10点 → 顕著な傾向がある

　あなたは相手とのコミュニケーションにおいて，言語以外での部分で関わることがかなり多いようです。すなわち言語以外の分野での対人コミュニケーションに自信を持っていますから，「話が飛躍することが多い」「相手の話をよく聞かないで対応してしまう」「筋道立てて話を展開しない」などの問題が生じることがあります。

　また「自分の行なったことはたいていの人間には阿吽の呼吸で伝わるはずである」と過信しているところがあり，もし伝わらなかったとしたら，それは「相手の理解力が足りないんだ」と思いこんでしまうことはないでしょうか。さらに「遠まわしに婉曲的に伝えたために誤解を生じてしまった」というような現象が起こることもあります。高コンテキストスタイルのコミュニケーションが一様に悪いわけではありませんが，高コンテキストが通じないケースがあることに留意する必要があります。

● 4～6点 → その傾向がある

　あなたは時折，高コンテキストスタイルでコミュニケーションをとる傾向があるようです。言葉に出してはっきり表現することは苦手ではないのですが，どうも周囲に対しての配慮，遠慮がそれを阻害するようです。

　「話の前置きが長くなってしまった」「相手の同意に対して曖昧な返事を返した」「曖昧な表現方法をもちいた」「修飾語が多く話の本論がよくわからない」といった現象が生じるようです。いまの日本社会において，状況に応じて低コンテキストスタイルをとれればベストコミュニケーションをとることも可能です。

● 0～3点 → 問題がない

　高コンテキスト依存度においては問題がないといえるでしょう。他者はあなたのことを，ストレートではっきりものごとをいい切る人間と評価していることと思われます。これからのグローバル化情報過多の時代にあっては，有利なスタイルといえます。

　反面，「いいたいことをずけずけいえる人間」「配慮，遠慮に欠ける人間」「ツーカーで応えられない感度の悪い人間」と受けとられる面も否めないといえます。現状の日本社会は高コンテキスト・コミュニケーション社会であるという現状を認知して，臨機応変に対応する場合も必要です。

3　異文化間のディスコミュニケーションの事例

　クリストファー・アンドリュー（1985）は，コンテキストの違いからくるコミュニケーションギャップの事例として，彼自身の体験を紹介している。彼の小学生の娘は，アメリカ人である彼と中国人の妻の間に生まれ，日本で育った。したがって，英語も日本語も中国語も流ちょうに話すことができる。ある日，自宅に日本人の友人から彼に電話があり，彼の娘が電話に出た。電話口でしばらくやりとりがあった後，代わった彼に，日本人の友人は「たいへんなカルチャーショックを受けた」と告げた。

　それはこういうことである。友人が言うには，日本人同士の間でなら，電話口に子供が出ても，「もしもし何村ですが」と言えば，「ちょっとお待ち下さい」と答えて父親なり，不在の場合は母親が出るのが常識になっている。「お父さんいますか」「お父さんに代わってくれる？」という言葉は省略しても用件が伝わるというのが，日本人の文化コードが示すコミュニケーションの手法なのである。

　ところが，彼の娘と友人のやりとりは，次のようなものだった。

　　「もしもし何村ですが」
　　「あ，何村のおじさん。こんにちわ」
　　「お父さんいる？」
　　「ええいますよ」
　　（友人，彼にかわるのを待つ）
　　（娘，友人の次の発言を待つ）
　　（娘，相手が発言しないので話題をかえる）
　　「何子ちゃんはお元気ですか」

　ここでようやく友人はことの真相に気づき，彼に代わってくれるように娘に頼んだというのである。友人は，「お父さんいる？」と聞いたら，娘が当然代わってくれるものと待っていたわけだ。ところが，娘は，その問いに「ええ，いますよ」と答えてしまったので，その件はそれで終わりと解釈してしまった。しかし，しばらく待っても友人はそれ以上のことを言わないので，自分の用件に切りかえたというわけである。

BOX 12　彼を知り，己れを知れば

　日本人がつねづね口にする言葉の一つに,「彼を知り，己れを知れば百戦殆(あや)うからず」という孫子の兵法がある。私もこの言葉が好きでよく引用している。この言葉はまさに国際ビジネス交渉の本質をついたものだと思うからである。
　この言葉には，二つのポイントがある。一つは「彼を知る」であり，もう一つが「己れを知る」である。いかにも兵法の天才・孫子らしい複眼的な見方だと私は思うのだが，日本の知識人のなかには，こうした見方は「冗長（リダンダント）である」とする人もいる。
　たとえば，軍事戦略論の大家である外務省の岡崎久彦氏は，好著『戦略的思考とは何か』のなかで,「『己れを知る』ということは世間一般の用法でも，身のほどを知る，社会の中に自分が置かれている位置をちゃんと知っているということであって，主観的に内なる自己を見つめるということでは」ない。したがって,「『彼を知る』と言えばそれで充分で,『己れを知る』は同じことをくり返して言っているだけである」と述べている。
　確かに，同じく国際間あるいは異文化間の問題とはいえ，軍事戦略のようにど

　アメリカ人は，すべてを言葉に出しきることで用件を伝える，というコミュニケーションのパターンをもっている。一方で日本人は，むしろどんどん省略しながら用件を伝えるというパターンが一般的である。こうしたコミュニケーションのパターンと文化の違いが，同じ日本語という言語を使いながら，十分な意志疎通ができなかった両者のやりとりの根底にあったことを，友人が彼に告げたのである。
　このように，欧米人のコミュニケーションにおいては，言うべきことはすべて言いつくす，というのが彼らのコミュニケーションのパターンであり，低コンテキストの文化がその背景にある。一方で日本人のコミュニケーションは，そのおかれた状況を把握して，なるべく物事をえん曲に伝えるという高コンテキストの文化を背景にしている。
　この事例にみるように，自国の文化を背景とした思考法や論理構成，あるいはコミュニケーションに対する姿勢の違いが，異文化間のディスコミュニケーションを発生させる１つの要因をなしているといえる。

ちらかというと客観的なさまざまなデータがなによりも重視される分野では，岡崎氏の指摘はまことに的確なものといえるだろう。

しかし，こと国際ビジネス交渉に関しては，この指摘はかならずしも有効でないというのが，私の見解である。

60年代や70年代までは，日本の企業は価格や技術の力で相対的に優位なバランスを保ってくることができた。それは事実である。しかし，80年代に入ってからのさまざまな国際経済の動向を見ていると，これからの国際ビジネスでは，そうした単純な力のバランスだけではなく，プラス・アルファの要素がますますクローズ・アップされてくることは必至と思われる。そして，そのプラス・アルファこそ，「彼を知る」と「己れを知る」の複眼的な見方なのである。

言葉を換えていえば，「彼を知る」ということは〈異文化接触〉の問題であり，「己れを知る」ということは〈自文化理解〉の問題であると，私は解釈している。この二つの車輪がともにスムーズに動いていかないかぎり，これからの熾烈な国際ビジネス交渉を優位に展開していくことは，至難の技であると思われる。

(出典)　クリストファー・アンドリュー　1985　「横メシの人間関係」　講談社

2　契約についての考え方

アメリカは，国籍，人種，宗教の異なった人々が集まってできた移民国家である。そこには異なった言語を話し，異なった文化をもち，異なった風習をもつ雑多な人々が生活している。自分の人種的背景（ethnic background）は，ドイツ人であるとか，ユダヤ人であるとか，イタリア人であるとかといったことが，日常会話のはしばしに登場してくる。

そこでアメリカでは，どうしても個々の民族の道徳律をこえた社会的規範を，人為的につくりあげていかなければ秩序が保てない。したがって，アメリカ社会では，社会規範として法をつくりあげ，人々を統治してきた。そのため，アメリカ人の法および契約に対する考え方はきわめて厳格である。

これに対して，同じ言葉を話し，同じ人種に属する人々により構成され，他

国からの侵略・征服を受けたことのない日本では，人々は日本の風土の中から生まれてきた風俗，習慣と，そこから育ってきた道徳を社会的規範として生活し，相互に理解しあうことができた。このような社会では，法は道徳によってカバーされない部分を規制するという副次的な役割を果たすにとどまっている。そのため，人々の法および契約に対する意識も薄弱になりがちである。

伊藤（1984）は，アメリカにおける自らの弁護士活動を通じて以下のように述べている。アメリカ人は**契約**をよく守るが，契約にないことには責任がないとはっきり言いきる。それだけに契約の内容は実に細かく，具体的に決められる。アメリカ人にとって契約の締結は交渉の終了であり，新しい協調関係がそこから始まるのでなく，締結後は条件に従った履行があるのみである。それだけに契約書の締結までの交渉が大切である。だからアメリカ人は，契約交渉においては，互いに自らに有利な条件を徹底的に主張しあい，相互に納得してはじめて契約書を交わす。サインされた契約書は絶対だから，納得のいかないまま契約書にサインすることはない。

これに対して日本人は契約に対する観念が明瞭でなく，義理，人情などを重んじる。日本人が契約をする場合には契約そのものよりも，**信頼関係**が大切なのであって，その信頼関係をこわしたくなくて，契約条件をめぐって相手方と徹底的にぶつかりあうことをしないことが多い。このように，契約の締結を当事者の信頼の成果であり，友好と信頼関係の始まりと考えることから，債務不履行や予測しがたい難しい事態について明確に詳細に規定することを，相手に対する信頼関係の欠如として捉え，極力避けたがる。

債務不履行の場合の処理などについても，詳細に規定するかわりに，日本人は「本契約にとり決めなき事項に関しては，両者が誠意をもって紳士的かつ円満に解決に当たる」といった，あいまいな一文を書き加えることを求めることが多い。

さらに日本人は，契約書に規定した権利義務を必ずしも絶対的なものと考えておらず，争いが起こった場合は，その都度協議して具体的に解決すればよいと考えているふしがある。したがって，契約書をきちんと読まずにサインしてしまい，後日相手に変更を申し入れたり，後日何とか変更できるだろうという軽い考えで，不本意な契約書にサインしたりすることが起きてくる。アメリカ

人にとっては，契約書は絶対的なものだから，アメリカ人と契約する場合には契約書をよく読んで，自分に不利な条件をとり除いてからでなければ，契約書にサインしてはならない。

3 日本企業はなぜ批判されるのか

　敗戦後の経済復興を果たし，徐々に経済力をつけてきた日本は，1960年代後半からアメリカに対して輸出超過となり，以来アメリカの赤字は増加の一途をたどってきた。60年代末の問題となった繊維に続いて，鉄鋼，カラーテレビ，自動車などの摩擦が見られ，日本はそのつど自主規制や対米進出などで対応した。しかし，その後もコンピューターなどのハイテク製品や農産物，さらには自動車部品にも摩擦は拡大し，日米間の交渉が続いている（久米，1987）。

　貿易黒字の増加が外国から批判の対象になったことから，**貿易摩擦**の解消を図るために，日本企業は，アメリカはじめ海外に積極的に工場を建設し，現地生産への切りかえを行った。日本企業の海外進出は現地の雇用を増加させ，部品の調達などを通じて現地産業の振興にも貢献するものである。また，日本企業は現地の工場から，日本を含む外国市場に出荷し，進出国の輸出にも貢献している。それでもなお日本への批判はしずまらない。日本企業の現地工場の生産も日本製品のシェアに含めて計算し，全体を規制の対象にしようという傾向も現れている。

　こうした外国からの批判に対して，日本国内では強硬な反論が勢いを増してきている。アメリカの貿易赤字は，無規律きわまるアメリカの総需要政策の，すなわちレーガノミックスの責任にほかならないとする意見である（飯田，1998）。また，日本企業は，日本製品を求める顧客があるからこそ生産し販売したのであり，これは市場原理に沿った行いである。貿易収支の差異は，赤字の発生が，技術革新にひたすら努めた日本企業と欧米企業の努力の差であり，努力を怠った企業こそ非難さるべきであるといった議論もある。

　一方で，稲盛（1994）は，この意見に反対の立場をとっている。たとえ，欧米の企業が技術革新を怠った，あるいは企業として当然の経営努力をしなかっ

たとしても，彼らにすべての責任を負わせることはできない。今日のような二極対立的な事態をひき起こしたことについて，第1に反省すべきは，やはり日本企業の方であるとしている。以下，稲盛（1994）の議論を軸に話を進めていく。

　日本企業が批判される本当の原因は，よいものを安く売るからではなく，すでにその市場で活動していた現地メーカーを無視して，集中豪雨的に相手の市場に製品を供給することにある。自分たちの利益だけを考え，いくら売り上げを伸ばしても足ることを知らず，根こそぎ相手の市場を奪い取り，現地メーカーの生存が不可能になるまで輸出を増やし続けることこそが問題となっている。

　それでは，なぜ日本企業は，集中豪雨的な製品供給を行おうとするのであろうか。それは，日本国内における市場シェア争奪のための過当な競争を，そのまま外国の市場に適用していることによるものであろう。日本の市場は，自分がシェアを取れる時に徹底的に取ってしまわないと，他人にそれを根こそぎ奪われてしまうという過当競争の市場なのである。

　高度成長期においては，毎年10％前後の経済成長が続く中で，日本企業はいち早く設備投資を敢行し，大量生産体制を整え，わずかでも自社の市場シェアを高めようと全力をつくした。こうした過当な競争の中で，産業内におけるシェアに基づいた企業序列が形成されていったのであるが，この序列の中で調和を保ちつつ，熾烈なシェア競争が続いた。市場でのシェア競争の背後には設備投資競争があり，この旺盛な企業の設備投資が，日本経済のダイナミズムをつくり出していった。

　国内市場を外国企業に対して保護しながら，日本企業は国際的な自由貿易システムの発展の波にのって，大いに海外に販路を拡大していった。日本企業は世界市場の拡大を前提として，大量生産体制を整え，海外においても日本国内と同じように，より大きな市場シェアを獲得することを目指してきた。

　外国市場へ進出し，そこで大きな**市場シェア**を獲得すると，大量生産の効果により，製品の平均価格を引き下げることができる。こうして，諸外国のライバル企業が追随できないほど，高性能で安価な製品の大量供給を武器に，日本企業は次々に海外に進出し，世界市場を制覇してきた。このように，戦後半世紀にわたって，ひたすら生産力増強と世界市場の開拓に努めてきた日本企業は，

世界の市場で大きくシェアを伸ばしたのである。

　しかし，積極的に攻勢をかける日本企業の前に世界の大企業はシェアを奪われ，欧米各国で，多数の企業がレイオフ，工場閉鎖，さらには倒産の道をたどった。国民が職を失うにつれて，日本企業の行動を厳しく批判する声が高まってきた。

　このように，日本企業による世界市場に対する飽くことのないシェア競争が，とどまるところを知らない海外進出と集中的な輸出をもたらし，世界の市場を支配するに至っている。こうした日本企業の独善的な行動パターンを改めないことには，日本の市場シェアの拡大はやまず，したがって外国からの批判もやむことはないのである。

　日本が世界市場に組み込まれた19世紀の世界は，**古典的自由主義**の支配する厳しい弱肉強食の状況にあった。日本人が「自由」というときには，何をしてもよいというのと同じことを意味するが，そのことは，日本人が今なお19世紀の古典的自由主義にとらわれていることを示している。

　自由市場における競争は，自然界の野生動物の世界にたとえられることがある。すなわち弱肉強食の世界である。しかしよく見ると，自然界にはきちんとした秩序が形成されており，力の強い野獣といえども，その秩序に従って生きている。

　ライオンなどの肉食動物が草食動物を襲うのは，空腹の時である。満腹の時は，そばにどんな弱い動物が近寄ってきても，むやみに襲うことはしない。自らの命を永らえるために必要な食料が手に入れば，あとは無益な殺生をしないのである。草食動物の群れを取りつくしてしまえば，肉食動物としての自分の生存が危うくなることを察知しているのである。殺生を必要最低限にとどめることによって，肉食動物は草食動物と**共生**する知恵をもっているのであり，同じ知恵は狩猟民族にも共有されているといえよう。

　欧米では，個人の行動は原則自由であり，表面的には弱肉強食の世界とみることができよう。しかしよく見ると，そこには生きているものを根絶やしにしないという，抑制原理が内在していることがわかる。そして，自分たちが生活していくのに必要最小限なものしか捕獲しない，必要以上に貪らない，という社会的ルールがつくられているように思われる。

これはキリスト教の影響によるものであろうか。それとも、獲物の再生産を前提とした狩猟時代の文化を継承しているためであろうか。あるいは社会が十分に成熟しているためであろうか。いずれにせよ、西欧社会では、19世紀のように一時的に独善的な行為に走ることがあっても、やがてこの内在的な抑制原理がおのずと働き、それが一般的なルールになっているように思われる。

　こうした観点からみれば、日本企業がその原理を知らずに、歴史のある時点における偏った自由主義の理解に従って独善的に行動することは、彼らにとってルール違反と映るのも致し方ないことではないのだろうか。まして、日本は欧米が占めていた市場に、あとから参入した後発組である。この市場を創造し、この市場で生きてきた先住民である欧米企業の森を、自分の利益のために不毛の地に変えてしまうようなひとりよがりの行動を取ることは、あってはならないことなのである。

　少しでも豊かな生活がしたいという人間の**利己**の心は、近代社会発展の原動力であり、物質的な意味で今日の豊かな社会を生み出したのも、この利己の心のなせる業であったといえよう。しかし、物質文明を極限にまで発展させた人類は、今や環境問題などを引き起こして自らの存立基盤を揺るがすに至っている。

　新世紀を迎えるにあたり、われわれは、人間と自然との関係やバランスを適切に維持することによって、自然がもつ多様な価値や機能を保全することの大切さを知り、文明の発展の起動力となってきた利己心の肥大化と、経済活動の飽くなき拡大を抑制して、**生きとし生けるもの**と共生していくことが必要である。利己の心を少しでも抑制し、相手の立場を思いやる**利他**の心をもつことにより、おのずと視野が広がり、国際的なビジネスの場における円滑なコミュニケーションにも資するものと考えられる。

　企業活動は、経済成長の担い手であると同時に、行きすぎると環境汚染の元凶となり、また他方では、貿易摩擦を激化させるという二面性があるという認識をもつことが大切である。そして、国際的な視野をもった企業市民として貿易相手国の立場を認識し、また環境問題などの長期的課題についての的確な判断力をもち、つねに事業活動のあり方を見直す姿勢が大切であるといえよう。

キーワード：異文化　自国文化　高コンテキスト　低コンテキスト　契約　信頼関係　貿易摩擦　古典的自由主義　市場シェア　共生　利己　利他

課　題

次のそれぞれについて，200字程度で説明しなさい。

①異文化とのコミュニケーションにおいて，何が大切か説明しなさい。

②高コンテキストと低コンテキストの違いを説明しなさい。

③日本とアメリカの，「契約」についての考え方の違いを説明しなさい。

④貿易摩擦の原因と解決策について述べなさい。

⑤利己，利他の考え方と，共生の意味について述べなさい。

もっと学びたい人のために

水谷研治　1997　「崖っぷちの日本経済」東洋経済新報社：世界におけるわが国経済のあり方および日本経済再生のためのシナリオを示した好著。

引 用 文 献

序 章

Dimbleby, R. & Burton, G 1985 More Than Words:An introduction to communication. Methuen, London.

井口大介 1982 「人間とコミュニケーション」 一粒社

石井 敏 1993 コミュニケーション研究の意義と理論的背景. 橋本満弘・石井敏編「コミュニケーション論入門」（コミュニケーション基本図書第1巻）3-24. 桐原書店

宮原 哲 1992 「入門コミュニケーション論」 松柏社

岡 直樹 1995 欲求階層説. 小川一夫監修「改訂新版社会心理学用語辞典」, 339. 北大路書房

岡部朗一 1993 コミュニケーションの定義と概念. 橋本満弘・石井敏編「コミュニケーション論入門」（コミュニケーション基本図書第1巻）54-74. 桐原書店

Rubin, R. B., Perse, E. M., & Barbato, C. A. 1988 Conceptualization and Measurement of Interpersonal Communication Motives. *Human Communication Research*, 14(4), 602-628.

竹内郁郎 1973 社会的コミュニケーションの構造. 内川芳美・岡部慶三・竹内郁郎・辻村 明編「講座現代の社会とコミュニケーション1 基礎理論」105-138. 東京大学出版会

1 章

安藤清志 1990 「自己の姿の表出」の段階. 中村陽吉偏「「自己過程」の心理学」, 143-198. 東京大学出版会

バーンランド・D. C.（西山千・佐野雅子訳） 1979 「新版日本人の表現構造」 サイマル出版会

榎本博明 1997 「自己開示の心理学的研究」 北大路書房

藤原千秋 1995 自己開示. 小川一夫監修「改訂新版社会心理学用語辞典」, 107. 北大路書房

古屋 健 1987 自己概念と自己呈示. 斎藤勇編「対人社会心理学重要研究集3：対人コミュニケーションの心理」, 1-65. 誠信書房

磯崎三喜年 1995 社会的浸透理論. 小川一夫監修「改訂新版社会心理学用語辞典」, 130-131. 北大路書房

柳原 光 1980 心の四つの窓 Johari Window. サイコロジー, No.1, 6-11.

2 章

安藤清志 1994 「見せる自分／見せない自分 －自己呈示の社会心理学－」 サイエンス

社
安藤清志　1990　「自己の姿の表出」の段階．中村陽吉偏　「「自己過程」の社会心理学」143-198．東京大学出版会
バーンランド・D. C.（西山千・佐野雅子訳）　1979　「新版日本人の表現構造」サイマル出版会
深田博巳　1998　「インターパーソナル・コミュニケーション」　北大路書房
船津　衛　1996　「コミュニケーション・入門」　有斐閣
市河淳章　1995　セルフ・モニタリング．小川一夫監修「改訂新版社会心理学用語辞典」，200-201．北大路書房
岩渕千明・田中国夫・中里浩明　1982　セルフ・モニタリング尺度に関する研究．心理学研究,53,54-57.
沼崎　誠　1994　セルフ・ハンディキャッピング．古畑和孝編「社会心理学小辞典」，144．有斐閣
小口孝司　1994　自己呈示．古畑和孝編「社会心理学小辞典」，91．有斐閣
吉田寿夫・古城和敬・加来秀俊　1982　児童の自己呈示の発達に関する研究．教育心理学研究，30(2)，120-127.

3 章

チャルディーニ・R. B（社会行動研究会訳）　1991　「影響力の武器」　誠信書房
Cialdini, R. B., Cacioppo, J. T., Basset, R. & Miller, J. A. 1978 Low-ball procedure for producing compliance:Commitment then cost. *Journal of Personality and Social Psychology*, 36, 463-476.
Cialdini, R. B., Vincent, J. E., Lewis, S. K. Catalan, J., Wheeler, D., & Darby, B. L. 1975 Reciprocal concessions procedure for inducing compliance: The door-in-the-face technique. *Journal of Personality and Social Psychology*, 31, 206-215.
Freedman, J. L., & Fraser, S. C. 1966 Compliance without pressure: The foot-in-the-door technique. *Journal of Personality and Social Psychology*, 4, 195-202.
深田博巳　1995　心理的リアクタンス理論．小川一夫監修「改訂新版社会心理学用語辞典」，178-179．北大路書房
今井芳昭　1996　「影響力を解剖する」福村出版
今城周造　1993　心理的リアクタンス尺度の検討（2）．日本教育心理学会第35回総会発表論文集，502．
川名好裕　1989　要請技法と承諾反応．大坊郁夫・安藤清志・池田謙一編「社会心理学パースペクティブ1」，272-290．誠信書房
押見輝男　1994　自己知覚理論．古畑和孝編「社会心理学小辞典」，91．有斐閣

4 章

Argyle, M., & Dean, J. 1965 Eye contact,distance, and affiliation. *Sociometry*, 28, 289-304.

ブル・P.（高橋　超訳編）　1986　「しぐさの社会心理学」　北大路書房

大坊郁夫　1998　「しぐさのコミュニケーション」　サイエンス社

深田博巳　1998　「インターパーソナル・コミュニケーション」　北大路書房

福原省三　1995　親密感均衡仮説，親和葛藤理論．小川一夫監修「改訂新版社会心理学用語辞典」，177., 179-180. 北大路書房

福原省三　1990　アイ・コンタクトと印象形成の評価が受け手の対人認知に及ぼす効果．心理学研究，61(3), 177-183.

橋本満弘　1993　非言語コミュニケーションの概念と特徴．橋本満弘・石井敏編「コミュニケーション論入門」（コミュニケーション基本図書第1巻）168-193. 桐原書店

石井　敏　1987　言語メッセージと非言語メッセージ．古田　暁監修／石井　敏・岡部朗一・久米昭元著「異文化コミュニケーション」，81-100，有斐閣

笠原　嘉　1972　自己視線恐怖．笠原　嘉編「正視恐怖・体臭恐怖」　医学書院

木村　敏　1972　「人と人との間　－精神病理学的日本論－」　弘文堂

児玉憲一　1995　二重束縛的コミュニケーション．小川一夫監修「改訂新版社会心理学用語辞典」，265. 北大路書房

和田　実　1992　ノンバーバルスキルおよびソーシャルスキル尺度の改訂．東京学芸大学紀要（1部門），43, 123-136.

6 章

David Crystal 1997 The Cambridge Encyclopedia of Language. 2nd ed. Cambridge University Press.

7 章

Educational Testing Service 1998 TOEFL Test and Score Data Summary (1998-99 Edition). Princeton:Educational Testing Service.

高梨健吉ほか　1979　「英語教育問題の変遷」18，研究社出版

8 章

石井　敏　1997　異文化コミュニケーション．石井　敏他編「異文化コミュニケーション・ハンドブック」7-11. 有斐閣

松本青也　1994　「日米文化の特質」研究社出版

西田ひろ子　1989　「実例で見る日米コミュニケーション・ギャップ」　大修館書店

9 章

樋口廣太郎　1998　「だいじょうぶ！必ず流れは変わる」　講談社
川名正晃　1997　「管理者に期待される役割」経営実務出版
経済企画庁編　1998　「平成10年版　国民生活白書」　大蔵省印刷局
国富　強　1993　「図解　管理者マニュアル」　経営実務出版
ロジャース・E. M.・ロジャース・R. A.（宇野善康・浜田とも子訳）　1985　「組織コミュニケーション学入門」　ブレーン出版
若林　満　1993　組織と人間．原岡一馬・若林満編「組織コミュニケーション」2-28. 福村出版

10 章

榎本英剛　1999　「部下を伸ばすコーチング」　PHP研究所
国富　強　1993　「図解　管理者マニュアル」　経営実務出版
経済企画庁編　1998　「平成10年版　国民生活白書」　大蔵省印刷局
小松和夫　1997　「日本企業の人材育成」　中央公論社
若林　満　1993　組織と人間．原岡一馬・若林　満編「組織コミュニケーション」2-28. 福村出版

11 章

青木三十一　1990　「経営の仕組み」　日本実業出版社
榎本英剛　1999　「部下を伸ばすコーチング」　PHP研究所
関西電力（地域共生グループ）　1997　「ボランティア地域活動ニュース　コミュニティーライフ」Vol.24
国富　強　1993　「図解　管理者マニュアル」　経営実務出版
水谷研治　1996　「右肩下がりの日本経済」　PHP研究所
名古屋市社会福祉協議会　1998　「企業の社会貢献に関する実態調査報告書」
集英社　1999　「imidas」
トヨタ自動車　1998　「環境報告書」
吉富勝　1998　「日本経済の真実」　東洋経済新報社

12 章

飯田経夫　1998　「日本経済　成長の結末」　PHP研究所
伊藤廸子　1984　「アメリカ駐在員のための法律知識」　有斐閣
稲盛和夫　1994　「新しい日本　新しい経営」　TBSブリタニカ
久米昭元　1987　組織における異文化コミュニケーション．古田暁監修「異文化コミュニケーション」141-162. 有斐閣
久米昭元　1987　文化摩擦とコミュニケーション．古田暁監修「異文化コミュニケーショ

ン」229-250. 有斐閣
クリストファー・アンドリュー　1985 「横メシの人間関係」　講談社
安田正, 山添均　1999 「ビジネスコミュニケーションの技術」　ジャパンタイムズ

索　引

あ行

アイ・コンタクト（eye contact: 視線交差）　65
アイデンティティー　110
イタリック語　115
異文化　186
異文化間のディスコミュニケーション　187
異文化コミュニケーション　131
異文化コミュニケーション能力　133
意味付与説　5
印象管理　36
印象操作　37
インターネット　116
インド・ヨーロッパ語族　111,115
隠蔽領域　19
ウォーフ　88
受け手　7
英語支配　107
エスペラント　103
送り手　7
音声言語メッセージ　72
オンライン　116

か行

価値観　124
解読化　7
開放領域　19
学習過程　117
環境問題　177
韓国・朝鮮語　115
管理者の役割　145
機械翻訳　106
企業市民　177
企業内組合　154
企業統治(コーポレート・ガバナンス)　157
記号　7
記号化　7,132
記号解読　7,132
義務感説　55
教育課程　112
共生　12,195

共通語　114
鏡像関係　89
敬語　96
敬称　96
契約　192
謙譲語　96
ゲルマン語　115
言語差別　102
言語習得　85
言語習得装置（LAD）　83
言語政策　107
言語相対性仮説　88
高コンテキスト　186
コーカソイド　111
コーポレート・ガバナンス　157,171
国際英語　103
国際コミュニケーション　97
国粋主義　107
語順　90
コスト認知変化説　57
語族　115
古典的自由主義　195
コポレート・シチズンシップ（企業市民性）　178
コミットメント説　55
コミュニケーション　4
コミュニケーション・コンピテンス　13
コミュニケーションの過程　7
コミュニケーションの基本原理　6
コミュニケーションの定義　5
コミュニケーションの類型化　8
コミュニケーション・ルール　132
語用論　97
コンピテンス　13,72
コンフロンテーション　184

さ行

ザッツ・ノット・オール・テクニック　55
サピア　88
サピア・ウォーフの仮説　88
サミット　111
ザメンホフ　103

参加観察法　57
刺激-反応説　5
自己開示　21
自己開示の個人的機能　26
自己開示の対人的機能　26
自己開示の返報性　28
自国文化　186
自己高揚的呈示　34
自己知覚理論　53
自己卑下的呈示　34
自己呈示　36
市場シェア　194
視線恐怖　64
視線の機能　65
事前協議　149
社会言語学　120
社会貢献活動　179
社会的交換仮説　28
社会的浸透過程（親密化過程）　30
社会的浸透理論　30
ジャパン・プレミアム　169
終身雇用制度　154
主張的自己呈示　38
ジュラード自己開示質問紙　21
準（パラ）言語　9
承諾先取り要請法　55
譲歩的要請法　53
譲歩の返報性（互恵性）　54
情報処理　132
情報リテラシー　120
職場における自己実現　164
職場のコミュニケーション　140
職場の流動化　158
植民地　115
ジョハリの窓　18
消費者の論理　174
人種差別　102
親族名称　96
親密感均衡仮説　69
親密感平衡モデル　69
信頼関係　192
信頼-好意仮説　28
心理言語学　120
心理的リアクタンス（反発）理論　58
親和葛藤理論　68

ステレオタイプ　126
性差　96
性差別　102
生産者の論理　174
生成文法　83
セルフ・ハンディキャッピング　39
セルフ・モニタリング　43
戦術的自己呈示　37
戦略的自己呈示　37
総合的な学習の時間　99
相互作用過程説　5
双方向コミュニケーション　116
組織内のコミュニケーション　176
組織のフラット化　176
尊敬語　96

た行
対照言語学　92
対人的有能性　72
第二言語　99,114
多言語・多文化共存　120
段階的要請法　52
チャネル　7
チョムスキー　83
逐語通訳　105
ディスクロージャー　173
低コンテキスト　186
丁寧語　96
ドア・イン・ザ・フェイス・テクニック　53
動機づけ　116
同時通訳　105
特典除去要請法　54
特典付加要請法　55
トップマネジメント　145
取り入り　41

な行
二重束縛的（ダブルバインド）コミュニケーション　75
日英対照言語学　120
日本英語　103
日本語教育　98
日本的経営　154
認知科学　88

索引　207

認知能力　85
根回し　150
年功序列制賃金　154
ノイズ　132
能力　13
ノンバーバル・スキル尺度　73

は行
発想　89
バブルの崩壊　168
非言語音声メッセージ　72
非言語コミュニケーション　73
非言語的漏洩　76
非言語非音声メッセージ　72
ピアジェ　85
フラットな組織　176
フィランソロピー　178
ピラミッド型の組織　176
フィードバック　21
フェートン号　113
符号化　7
フット・イン・ザ・ドア・テクニック　52
ブーメラン効果　60
普遍文法　83
文化　123
文化変形規則　124
変則式　114
ホウ・レン・ソウ（報告・連絡・相談）　147
防衛的自己呈示　38
貿易摩擦　193
母語　82
母語習得　83

ま行
マズロー　3,164
マルチメディア　116
未知領域　19
三浦按針　4,113
ミドルマネジメント　145
民族英語　103
メインバンク　170
メーラビアンの公式　72
メセナ　178
メッセージ　7
メディア　7
盲点領域　19
モデリング仮説　28
モンゴロイド　111

や行
有能性　13,72
欲求階層説　3

ら行
利己　196
利他　196
稟議制度　150
レトリック（修辞）説　6
労働市場における流動化　157
ローボール（low ball）テクニック　54
ロワーマネジメント　145

わ行
割引原理　39
割増原理　39

英文索引

Chat　116

EFL　114
E-mail　116
ESL　114

MT　106

Off-JT　158
OJT　158

The New Information Rich/Poor　117
TOEFL　113,115
TOEIC　117

執筆者紹介

植村勝彦　（序章・Ⅰ部）
1942 年生
大阪大学大学院文学研究科心理学専攻博士課程中退
現　　職　愛知淑徳大学名誉教授
主要著書　Duffy & Wong「コミュニティ心理学」（監訳）ナカニシヤ出版　1999
　　　　　　「人間の社会行動」（共著）ナカニシヤ出版　1994
　　　　　　「人間とコミュニケーション」（共著）ナカニシヤ出版　1990

松本青也　（Ⅱ部）
1944 年生
米国コロンビア大学大学院卒　文学博士
現　　職　元愛知淑徳大学教授
主要著書　「日本文化の特質——文化変形規則（CTR）をめぐって——」研究社
　　　　　　「SUNSHINE ENGLISH COURSE」文部省検定英語教科書　開隆堂
　　　　　　「英語教育の理論と実践」　現代教育社

藤井正志　（Ⅲ部）
1948 年生
一橋大学経済学部卒
現　　職　元愛知淑徳大学教授
主要著書　「金融業の情報開示と検査・監督」東洋経済新報社　1998
　　　　　　「米国の銀行規則と根拠法令の研究」愛知淑徳大学ビジネスコミュニケーション研究所　1999

コミュニケーション学入門

2000年4月1日　初版第1刷発行　定価はカヴァーに
2022年4月1日　初版第24刷発行　表示してあります

　　　　　　著　者　植村　勝彦
　　　　　　　　　　松本　青也
　　　　　　　　　　藤井　正志
　　　　　　発行者　中西　　良
　　　　　　発行所　株式会社ナカニシヤ出版
　　　　　　606-8161　京都市左京区一乗寺木ノ本町15番地
　　　　　　　　　　telephone 075-723-0111
　　　　　　　　　　facsimile 075-723-0095
　　　　　　　　　　郵便振替 01030-0-13128
　　　　　　　　　　URL　http://www.nakanishiya.co.jp/
　　　　　　　　　　e-mail　iihon-ippai@nakanishiya.co.jp

装幀・松味利郎／印刷・創栄図書印刷㈱／製本・藤沢製本

Copyright © 2000 by K.Uemura, S.Matsumoto & M.Fujii
Printed in Japan
ISBN978-4-88848-536-4 C0011

　　　◎本書のコピー、スキャン、デジタル化等の無断複製は
　　　著作権法上での例外を除き禁じられています。本書を代
　　　行業者等の第三者に依頼してスキャンやデジタル化する
　　　ことは、たとえ個人や家庭内での利用であっても著作権
　　　法上認められておりません。